Unterrichtsmodell

Mittelalter

Erarbeitet von
Jürgen Möller

Herausgegeben von
Johannes Diekhans

Schöningh

EINFACH DEUTSCH

Baustein 3: Die mittelalterliche Gesellschaft im Spiegel der erzählenden Literatur (S. 49–76 im Modell)

3.1	Die Gesellschaft des Mittelalters		Textarbeit Tafelskizze Schreibauftrag Arbeitsblatt 10
3.2	Ritter und Mönch – Zwei Lebensformen des Mittelalters	Wolfram von Eschenbach: Parzival Wernher der Gartenaere: Helmbrecht	Textarbeit Schreibauftrag Tafelskizzen Arbeitsblätter 11 und 12
3.3	Das Nibelungenlied als Beispiel für ein mittelalterliches Epos	Nibelungenlied	Textarbeit Schreibauftrag Tafelskizzen Arbeitsblätter 13 und 14

Baustein 4: Mittelhochdeutsche Lyrik (S. 77–108 im Modell)

4.1	Der frühe Minnesang	Der von Kürenberg: Falkenlied Wîp unde vederspil Nibelungenlied Dietmar von Aist: Slâfest du, vriedel ziere	Textarbeit Schreibauftrag Tafelskizze Arbeitsblätter 15–17
4.2	Der klassische Minnesang	Reinmar: Ich wirbe umbe allez, daz ein man Hartmann von Aue: Maniger grüezet mich alsô Walther von der Vogelweide: Die verzagten aller guoter dinge Walther von der Vogelweide: Under der linden Neidhart von Reuental: Blôzen wir den anger ligen sâhen	Textarbeit Schreibauftrag Tafelskizze Arbeitsblätter 18–22
4.3	Walther von der Vogelweide: Ich saz ûf eime steine	Walther von der Vogelweide: Ich saz ûf eime steine	Textarbeit Schreibauftrag Tafelskizzen Arbeitsblatt 23

Baustein 1: Sprachgeschichte (S. 13–32 im Modell)

1.1	Einführung		
1.2	Die Verwandtschaft der indoeuropäischen Sprachen		Textarbeit Tafelskizze Arbeitsblatt 1 Arbeitsblatt 2
1.3	Die Urheimat der Indogermanen		Textarbeit Schreibauftrag Tafelskizze Arbeitsblatt 3
1.4	Vom Germanischen zum Deutschen		Textarbeit Schreibauftrag Tafelskizze Arbeitsblatt 4
1.5	Das Mittelhochdeutsche und seine Entwicklung zum Neuhochdeutschen		Textarbeit Schreibauftrag Tafelskizze Arbeitsblatt 5
1.6	Die Bedeutung Luthers für die deutsche Sprachentwicklung	Martin Luther: Sendbrief vom Dolmetschen	Textarbeit Schreibauftrag Tafelskizze Arbeitsblatt 6

Baustein 2: Althochdeutsche Literatur (S. 33–48 im Modell)

2.1	Deutsche Literatur im frühen Mittelalter		Textarbeit Tafelskizze Arbeitsblatt 7
2.2	Das Hildebrandslied	Hildebrandslied Jüngeres Hildebrandslied	Textarbeit Schreibauftrag Tafelskizzen Arbeitsblatt 8
2.3	Kleinere althochdeutsche Textdenkmäler	Zweiter Merseburger Zauberspruch Bamberger Blutsegen	Textarbeit Schreibauftrag Tafelskizzen Arbeitsblatt 9

Bildnachweis

9, 66, 96, 98, 99, 101, 103, 104, 107, 108, 114, 116 o.: Große Heidelberger Liederhandschrift (Codex Manesse). Universitätsbibliothek Heidelberg – **27:** Werner König: dtv-Atlas Deutsche Sprache. Grafik von Hans Joachim Paul. © 1978 Deutscher Taschenbuchverlag München – **30, 45, 48, 68:** AKG, Berlin – **31:** Herzog August Bibliothek, Wolfenbüttel – **43:** Verlagsarchiv Schöningh – **64:** Sachsenspiegel – **105:** bpk, Berlin – **110:** Kunstverlag Maria Laach; Stadt Hildesheim – **111:** © picture-alliance/KPA/HIP/The British Library – **112:** Hessische Landesbibliothek, Darmstadt – **116 u.:** Württembergische Landesbibliothek, Stuttgart

© 2007 Bildungshaus Schulbuchverlage
Westermann Schroedel Diesterweg Schöningh Winklers GmbH
Braunschweig, Paderborn, Darmstadt

www.schoeningh-schulbuch.de
Schöningh Verlag, Jühenplatz 1–3, 33098 Paderborn

Das Werk und seine Teile sind urheberrechtlich geschützt.
Jede Nutzung in anderen als den gesetzlich zugelassenen Fällen bedarf der
vorherigen schriftlichen Einwilligung des Verlages.
Hinweis zu § 52a UrhG: Weder das Werk noch seine Teile dürfen ohne eine
solche Einwilligung gescannt und in ein Netzwerk gestellt werden.
Das gilt auch für Intranets von Schulen und sonstigen Bildungseinrichtungen.

Auf verschiedenen Seiten dieses Buches befinden sich Verweise (Links) auf
Internet-Adressen. Haftungshinweis: Trotz sorgfältiger inhaltlicher Kontrolle wird
die Haftung für die Inhalte der externen Seiten ausgeschlossen. Für den Inhalt
dieser externen Seiten sind ausschließlich deren Betreiber verantwortlich. Sollten
Sie dabei auf kostenpflichtige, illegale oder anstößige Inhalte treffen, so bedauern
wir dies ausdrücklich und bitten Sie, uns umgehend per E-Mail davon in Kenntnis
zu setzen, damit beim Nachdruck der Verweis gelöscht wird.

Druck A 5 4 3 2 1 / Jahr 2011 10 09 08 07
Alle Drucke der Serie A sind im Unterricht parallel verwendbar.
Die letzte Zahl bezeichnet das Jahr dieses Druckes.

Umschlaggestaltung: Peter Wypior, Bad Driburg
Umschlagmotiv: Walther von der Vogelweide. Große Heidelberger Liederhandschrift;
Universitätsbibliothek Heidelberg
Druck und Bindung: AZ Druck und Datentechnik GmbH/Kempten (Allgäu)

ISBN 978-3-14-022377-5

Vorwort

Der vorliegende Band ist Teil einer Reihe, die Lehrerinnen und Lehrern erprobte und an den Bedürfnissen der Schulpraxis orientierte Unterrichtsmodelle zu ausgewählten Ganzschriften und weiteren relevanten Themen des Faches Deutsch bietet.
Im Mittelpunkt der Modelle stehen Bausteine, die jeweils thematische Schwerpunkte mit entsprechenden Untergliederungen beinhalten.
In übersichtlich gestalteter Form erhält der Benutzer/die Benutzerin zunächst einen Überblick zu den im Modell ausführlich behandelten Bausteinen.

Es folgen:

- Vorüberlegungen zum Einsatz der Materialien im Unterricht
- Hinweise zur Konzeption des Modells
- Ausführliche Darstellung der einzelnen Bausteine
- Zusatzmaterialien

Ein besonderes Merkmal der Unterrichtsmodelle ist die Praxisorientierung. Enthalten sind kopierfähige Arbeitsblätter, Vorschläge für Klassen- und Kursarbeiten, Tafelbilder, konkrete Arbeitsaufträge, Projektvorschläge. Handlungsorientierte Methoden sind in gleicher Weise berücksichtigt wie eher traditionelle Verfahren der Texterschließung und -bearbeitung.
Das Bausteinprinzip ermöglicht es dabei den Benutzern, Unterrichtsreihen in unterschiedlicher Weise und mit unterschiedlichen thematischen Akzentuierungen zu konzipieren. Auf diese Weise erleichtern die Modelle die Unterrichtsvorbereitung und tragen zu einer Entlastung der Benutzer bei.

 Arbeitsfrage

 Einzelarbeit

 Partnerarbeit

 Gruppenarbeit

 Unterrichtsgespräch

 Schreibauftrag

 szenisches Spiel, Rollenspiel

 Mal- und Zeichenauftrag

 Bastelauftrag

 Projekt, offene Aufgabe

Inhaltsverzeichnis

1. **Vorüberlegungen zum Einsatz der Materialien im Unterricht** 10

2. **Konzeption des Unterrichtsmodells** 12

3. **Die thematischen Bausteine des Unterrichtsmodells** 13

   Baustein 1: Sprachgeschichte 13
   1.1 Einführung 13
   1.2 Die Verwandtschaft der indoeuropäischen Sprachen 14
   1.3 Die Urheimat der Indogermanen 16
   1.4 Vom Germanischen zum Deutschen 17
   1.5 Das Mittelhochdeutsche und seine Entwicklung zum Neuhochdeutschen 20
   1.6 Die Bedeutung Luthers für die deutsche Sprachentwicklung 22
   Arbeitsblatt 1: Vergleich der ersten beiden Verse des „Vater-Unser" 24
   Arbeitsblatt 2: Die erste (germanische) Lautverschiebung 25
   Arbeitsblatt 3: Das Urvolk und die Urheimat der Indogermanen 26
   Arbeitsblatt 4: Die zweite Lautverschiebung und die Dialektgeografie des Deutschen 27
   Arbeitsblatt 5: Bedeutungsveränderungen vom Mittelhochdeutschen zum Neuhochdeutschen 28
   Arbeitsblatt 6: Martin Luther: Sendbrief vom Dolmetschen 30

   Baustein 2: Althochdeutsche Literatur 33
   2.1 Deutsche Literatur im frühen Mittelalter 34
   2.2 Das Hildebrandslied 36
   2.3 Kleinere althochdeutsche Textdenkmäler 40
   Arbeitsblatt 7: Deutsche Literatur im frühen Mittelalter (750–1050) 43
   Arbeitsblatt 8: Das Hildebrandslied 45
   Arbeitsblatt 9: Althochdeutsche Zaubersprüche 48

   Baustein 3: Die mittelalterliche Gesellschaft im Spiegel der erzählenden Literatur 49
   3.1 Die Gesellschaft des Mittelalters 50
   3.2 Ritter und Mönch – Zwei Lebensformen des Mittelalters 54
   3.3 Das Nibelungenlied als Beispiel für ein mittelalterliches Epos 58
   Arbeitsblatt 10: Das mittelalterliche Lehenswesen 64
   Arbeitsblatt 11: Wolfram von Eschenbach: Parzival 66
   Arbeitsblatt 12: Wernher der Gartenaere: Helmbrecht 69
   Arbeitsblatt 13: Das Nibelungenlied (um 1200): Inhaltsangabe 70
   Arbeitsblatt 14: Das Nibelungenlied (Auszug) 72

   Baustein 4: Mittelhochdeutsche Lyrik 77
   4.1 Der frühe Minnesang 79
   4.1.1 Der von Kürenberg: Falkenlied 79
   4.1.2 Dietmar von Aist: Slâfest du, vriedel ziere 82
   4.2 Der klassische Minnesang 84
   4.2.1 Reinmar der Alte: Ich wirbe umb allez, daz ein man 86
   4.2.2 Hartmann von Aue: „Maniger grüezet mich alsô" 89

4.2.3 Walther von der Vogelweide: Die verzagten aller guoter dinge   90
4.2.4 Walther von der Vogelweide: Under der linden   91
4.3   Walther von der Vogelweide: Ich saz ûf eime steine   94
Arbeitsblatt 15: Der von Kürenberg: Falkenlied   96
Arbeitsblatt 16: Dietmar von Aist: Slâfest du, vriedel ziere?   98
Arbeitsblatt 17: Der Minnesang   99
Arbeitsblatt 18: Reinmar von Hagenau (auch der Alte): Ich wirbe umbe allez, daz ein man   101
Arbeitsblatt 19: Hartmann von Aue: Maniger grüezet mich alsô   103
Arbeitsblatt 20: Walther von der Vogelweide: Die verzagten aller guoter dinge   104
Arbeitsblatt 21: Walther von der Vogelweide: Under der linden   105
Arbeitsblatt 22: Neidhart von Reuental: Blôzen wir den anger ligen sâhen   106
Arbeitsblatt 23: Walther von der Vogelweide: Ich saz ûf eime steine   108

4. Zusatzmaterial

Z1:   Das frühe Mittelalter – eine Zusammenfassung   109
Z2:   Das jüngere Hildebrandslied   111
Z3:   Die mittelalterliche Ständegesellschaft   112
Z4:   Hermann Göring: Appell an die Wehrmacht, 30. Januar 1943   113
Z5:   Wernher von Teufen (Darstellung aus der Manessischen Liederhandschrift)   114
Z6:   Grundbegriffe der mittelhochdeutschen Metrik   115
Z7:   Darstellung von Minnesängern   116
Z8:   Wolfram von Eschenbach: Parzival (Inhaltsangabe)   117
Z9:   Die sprachliche Herkunft des Deutschen und seine Dialektaufteilung im Mittelalter   118
Z10: Zu den politischen Ereignissen im Deutschen Reich und in Österreich   119
Z11: Klausurvorschlag 1: Wolfram von Eschenbach: Sîne klâwen   120
Z12: Klausurvorschlag 2: Heinrich von Morungen: Sin hiez mir nie widersagen   121
Z13: Walther von der Vogelweide: Herzeliebez vrowelîn   122

Wernher von Teufen mit seiner Dame auf der Falkenbeize. Große Heidelberger Liederhandschrift (Codex Manesse)

Wer des vergäße, tät' mir leide
(Hugo von Trimberg, um 1230 – nach 1313)

Ihr urtheilt viel zu vorteilhafft von denen Gedichten aus dem 12., 13. und 14. Seculo, deren Druck Ihr befördert habet, und zur Bereicherung der Teutschen Sprache so brauchbar haltet. Meiner Einsicht nach sind solche nicht einen Schuß Pulver werth; und verdienten nicht aus dem Staube der Vergessenheit gezogen zu werden. In meiner Bücher-Sammlung wenigstens würde Ich dergleichen elendes Zeug nicht dulten; sondern herausschmeißen.

(Friedrich der Große in einem Brief vom 22.2.1784)

Diese Sammlungen enthalten, bei allem Gemeinsamen in Form und Gegenstand der Dichtung, gleichwohl eine große Mannigfaltigkeit von Dichtercharakteren, eigentümlichen Verhältnissen und Stimmungen, persönlichen und geschichtlichen Beziehungen.

(Ludwig Uhland: Walther von der Vogelweide, ein altdeutscher Dichter. 1822)

Das alte Worms zu sehen, das von der Sage umwoben ist, die an das Herrlichste anknüpft, was wir in der deutschen Literatur besitzen. Das Nibelungenlied allein schon ist die Perle aller deutschen Dichtungen, und seine Klänge umschweben den Namen der Stadt Worms.

(Wilhelm II., anlässlich eines Besuches in Worms, 1889)

Altgermanisches Reckentum, Minnesang und Ritterzeiten – um sie wob die Romantik duftige Wolken. Die deutsche Erhebung verschmolz sie mit dem nationalen Wollen einer neuen Jugend. [...] Nur die Zusammenarbeit der verschiedenen Mittelalter-Wissenschaften kann das kulturhistorische Problem des höfischen und ritterlichen Ethos lösen, wenn es lösbar ist.

(Robert Curtius: Europäische Literatur und lateinisches Mittelalter. 1948)

Wolfram von Eschenbach als stolzer Ritter. Große Heidelberger Liederhandschrift (Codex Manesse)

Vorüberlegungen zum Einsatz der Materialien im Unterricht

„Das Erscheinen dieses Heftes umgibt geradezu die Aura eines wissenschaftlichen Ereignisses: muss man doch 20 Jahre zurückgehen, um auf das letzte Heft zu stoßen, das ausschließlich einem mittelalterlichen Thema gewidmet war."[1]

Dieser Stoßseufzer aus einer fachdidaktischen Zeitschrift mag ausreichen, um zu verdeutlichen, welcher Stellenwert der Beschäftigung mit mittelalterlicher Literatur im Deutschunterricht eingeräumt wurde, nämlich ein eher marginaler. Zwar schreiben die Oberstufenrichtlinien fast aller Bundesländer eine Beschäftigung mit älterer deutscher Literatur vor, doch lassen diese meist die Möglichkeit offen, das offenbar als lästig empfundene Thema durch die Behandlung des Barock abzudecken.[2] Demgegenüber ist allerdings auch ein steigendes Interesse an mittelalterlichen Stoffen in neueren Deutschbüchern für die Unter- und Mittelstufe zu konstatieren, die ein Umdenken dahingehend anzudeuten scheinen, dass der Kenntnis mittelalterlicher Sagenstoffe wieder ein gewisser Bildungswert zuerkannt wird.

Hierzu mag auch der Hinweis auf einen anhaltenden Boom des Mittelalters in der öffentlichen Wahrnehmung dienen: Mittelalterzeitschriften, Mittelaltermärkte, zahlreiche Spielfilme sowie der große Erfolg von auf mittelalterlichen Sagen und Stoffen basierenden Fantasyromanen zeigen, dass das Thema – wenngleich teilweise in bedenklicher Verkürzung – in der Öffentlichkeit auf ein großes Interesse stößt.

Dieses Interesse hat zugegebenermaßen nur wenig mit den tatsächlichen Eigenheiten älterer Literatur zu tun, doch kann dieses für die Beschäftigung mit ihr im Unterricht zumindest als Ansatzpunkt genutzt werden, um im Kontrast dazu gerade die teilweise befremdende Andersartigkeit sowie den Modellcharakter mittelalterlicher Literatur[3] herauszustellen: Die Beschäftigung mit mittelalterlicher Literatur erscheint in dieser Hinsicht gerade deshalb wertvoll, da die in ihr abgehandelten Konflikte und Problemfelder auch heute noch in modifizierter Form gültig sind. Aber auch dort, wo dies nicht gilt, kann die Auseinandersetzung mit ihr helfen, die Standortgebundenheit des eigenen Urteils sowie die Wandelbarkeit von Wert- und Moralvorstellungen zu problematisieren.

Ein Unterrichtsmodell, das sich zur Aufgabe gesetzt hat, das gesamte Mittelalter sowie die Entwicklung der deutschen Sprache abzudecken, steht von vornherein vor dem Problem der Auswahl. Allein der Hinweis auf die gewaltige historische Ausdehnung der Epoche auf ca. 1 000 Jahre mag genügen, dies zu verdeutlichen. Die Lektüre einer Ganzschrift kommt im Unterricht in der Regel allein aufgrund der sprachlichen Schwierigkeiten kaum in Frage, allenfalls Hartmann von Aues „Der arme Heinrich" wäre hier denkbar. Da aber in Hinsicht auf einen möglichst umfassenden Einblick dennoch nicht ganz auf die mittelalterliche Epik verzichtet werden sollte, wurde hier auf einzelne Auszüge aus einigen der bekanntesten Epen zurückgegriffen, deren Erarbeitung im Unterricht über Referate oder leicht zugängliche Nachschlagewerke zum Inhalt bzw. zur Stoffgeschichte der Epen ergänzt werden kann.

---

[1] Janota, Johannes: Germanistische Mediävistik. Von der Faszination und den Schwierigkeiten eines Neubeginns. In: Der Deutschunterricht 1/1989, S. 3–11, hier S. 3

[2] Vgl. etwa die Sekundarstufe II Richtlinien für NRW, S. 35, die – und das auch nur für den LK – die Thematisierung von Literatur vor 1700 vorsehen.

[3] Jauß nennt neben dem ästhetischen Vergnügen diese beiden Punkte als Begründung für die Beschäftigung mit mittelalterlicher Literatur im Deutschunterricht. Jauß, Hans Robert: Alterität und Modernität der mittelalterlichen Literatur. München 1977, S. 9

Bei der Auswahl der Texte wurde im Übrigen Wert auf Exemplarität gelegt, da teilweise einzelne Texte stellvertretend für ganze Gattungen wie etwa das Tagelied stehen. Dass hierdurch Entwicklungen und Varietäten ein wenig verwischt wurden, wurde im Hinblick auf den gewünschten Gesamtüberblick aber bewusst in Kauf genommen.
Ebenso erschien eine genauere Auseinandersetzung mit der Entwicklung der deutschen Sprache wünschenswert und unabdingbar, allein um die Schwierigkeiten bei der Begegnung mit den mittelalterlichen Originalen zu verringern.

Folgende Literatur, die auch diesem Unterrichtsmodell zugrunde liegt, kann zur Vorbereitung mit einbezogen werden:

Primärtexte und Hilfsmittel:

Braune, W.: Althochdeutsches Lesebuch. 15. Auflage (bearbeitet von H. Ebbinghaus), Tübingen 1969
Kasten, Ingrid (Hrsg.): Deutsche Lyrik des Frühen und Hohen Mittelalters. Übertragen von Margherita Kuhn. Frankfurt 1995
Lexer, Matthias: Mittelhochdeutsches Taschenwörterbuch. 38. Auflage, Stuttgart 1992
Moser, H. und Tervooren, H. (Hrsg.): Des Minnesangs Frühling. Band I: Texte. 38. Auflage, Stuttgart 1988
Schützeichel, R.: Althochdeutsches Wörterbuch. 5. Auflage, Tübingen 1995

Sekundärliteratur:

Brunner, H.: Geschichte der deutschen Literatur des Mittelalters im Überblick. 2. Auflage, Stuttgart 2003
Bumke, J. u. a. (Hrsg.: Geschichte der deutschen Literatur des Mittelalters. 3 Bände. München 1990
Bumke, J.: Wolfram von Eschenbach. 7. Auflage, Stuttgart 1997
Eggers, H.: Deutsche Sprachgeschichte. Band 1. Das Althochdeutsche und das Mittelhochdeutsche. Hamburg 1986
Hofmann, W.: Das Nibelungenlied. 5. Auflage, Stuttgart 1982
Keller, R.: Sprachwandel. Von der unsichtbaren Hand in der Sprache. Tübingen 1990
Räkel, H.H.S.: Der deutsche Minnesang. Eine Einführung mit Texten und Materialien. München 1986
Scholz, M.G.: Walther von der Vogelweide. Stuttgart 1999
Scholz, M.G.: Walther von der Vogelweide. Stuttgart 1999
Schweikle, G.: Minnesang. 2. Auflage, Stuttgart 1995
Tervooren, H. (Hrsg.): Gedichte und Interpretationen. Mittelalter. Stuttgart 1993 von Borries, E. und E.: Deutsche Literaturgeschichte: Band 1. 5. Auflage, München 2006

Vorschläge für Klausuren sind im Zusatzmaterial enthalten (Zusatzmaterial 11 – 13, S. 123ff.). Da der Schwerpunkt der Behandlung mittelalterlicher Literatur im Unterricht zumeist auf die Minnelyrik gelegt wird, wurden hier ausschließlich solche Gedichte aufgenommen, die zugleich zur Vertiefung einzelner Aspekte genutzt werden können. Mögliche Aufgabenstellungen sind:

> ■ *Analysieren Sie das Gedicht nach dem Ihnen bekannten Analyseschema und ordnen Sie es literaturgeschichtlich ein.*
>
> ■ *Analysieren Sie das Gedicht, indem Sie*
> - *eine Übersetzung in angemessenes Neuhochdeutsch anfertigen,*
> - *das Gedicht formal und inhaltlich interpretieren,*
> - *das Gedicht im Schlussteil einer Minnekonzeption zuordnen und diese gegen andere Minnekonzeptionen abgrenzen.*

Konzeption des Unterrichtsmodells

Das vorliegende Unterrichtsmodell versucht mithilfe verschiedener Methoden der Textanalyse, Schülern einen Einblick in die Besonderheiten der mittelalterlichen Literatur und der Sprachgeschichte zu geben. Bei der Behandlung des Minnesangs (Baustein 4) ist es durchaus empfehlenswert, zusätzlich zu den Texten Tonaufnahmen einzusetzen, da dieser letztlich zum mündlichen Vortrag und weniger zum Lesen gedacht war. Eine feste Reihenfolge der Bearbeitung der Bausteine im Unterricht ist nicht vorgesehen, doch empfiehlt es sich, zu Beginn zumindest kurz auf die Sprachgeschichte (Baustein 1) einzugehen, um die historische Bedingtheit von Sprache nachvollziehbar zu machen und Besonderheiten der Aussprache zu verdeutlichen. Soll auf die Sprachgeschichte ganz verzichtet werden, so kann zu diesem Zweck alternativ auch auf Arbeitsblatt 5 (S. 28f.) zurückgegriffen werden. Allen Originaltexten wurden neuhochdeutsche Übersetzungen beigegeben, um die Behandlung des Themas im Unterricht zu vereinfachen.

Baustein 1 setzt sich mit der Sprachgeschichte und der Lautentwicklung des Deutschen auseinander. Die Materialien wurden hierbei so ausgewählt, dass den Schülern an ausgewählten Beispielen die Lautentwicklung und die Dialektgeografie des Deutschen aufgezeigt werden kann.

Baustein 2 beschäftigt sich mit althochdeutscher Literatur. Wegen seiner großen Bedeutung wurden hierbei zum einen das Hildebrandslied und zum anderen zwei Zaubersprüche ausgewählt. Zudem kann anhand von Sekundärtexten auch die Entwicklung des Deutschen zu einer Schriftsprache thematisiert werden.

Baustein 3 widmet sich dem Aufbau der mittelalterlichen Gesellschaft, deren Besonderheiten unter anderem an Auszügen aus Wolfram von Eschenbachs Parzival erarbeitet werden können. Zudem dient hier das Nibelungenlied als ein Beispiel für die reiche epische Literatur des Mittelalters.

Baustein 4 schließlich behandelt mit der Minnelyrik jenen Bereich, der traditionell im Deutschunterricht bei der Behandlung des Mittelalters den prominentesten Platz einnimmt.

Die thematischen Bausteine des Unterrichtsmodells

Baustein 1

Sprachgeschichte

1.1 Einführung

„Die Société de Linguistique de Paris, die im Jahre 1865 gegründet worden war, machte mit einem Problem, das mehr als einhundert Jahre die europäische Sprachphilosophie umgetrieben hatte, kurzen Prozess: Sie legte in Artikel III ihrer Satzung fest, dass keine Vorträge und Arbeiten akzeptiert würden, die den Sprachursprung zum Gegenstand haben."[1]

Mit dieser launigen Bemerkung führt der Sprachwissenschaftler Rudi Keller in das Problem der Suche nach dem Ursprung der Sprache ein, die seit jeher mit dem Problem behaftet ist, hochspekulativ zu sein.

Die älteste für uns greifbare Vorstufe des Deutschen wird als Indogermanisch oder Indoeuropäisch bezeichnet[2]. Greifbar ist diese Sprachstufe für uns auch nur in dem Sinne, dass etwa durch Vergleich des Wortmaterials der unterschiedlichen, zur indoeuropäischen Sprachfamilie gehörenden Sprachen eine mögliche Urform mit einer gewissen Sicherheit erschlossen werden kann,

z. B.

altindisch	griechisch	lateinisch	althochdeutsch	englisch
pitár	πατήρ	pater	fater	father

Diese kleine Wortliste kann den Schülern zum Einstieg an der Tafel oder auf Folie unter folgender Aufgabenstellung präsentiert werden:

- *Vergleichen Sie die Wörter im Hinblick auf Ähnlichkeiten und Unterschiede.*
- *Versuchen Sie, eine Erklärung für Ihren Befund zu finden.*

Es sollte auffallen, dass in Bezug auf die Konsonanten wenig Unterschiede bestehen: Lediglich der Anfangslaut **f** im Althochdeutschen und Englischen fällt heraus. Nimmt man weitere Wörter hinzu, wird schnell deutlich, dass einem germanischen **f** ein **p** in den übrigen indo-

---

[1] Keller, Rudi: Sprachwandel. Von der unsichtbaren Hand in der Sprache. Tübingen 1990, S. 33
[2] Durchgesetzt hat sich weitgehend die Bezeichnung Indoeuropäisch. Das Kompositum Indogermanisch bezog sich nicht etwa darauf, dass diese Sprachfamilie letztlich dem Germanischen zuzurechnen sei, sondern bezeichnete den östlichsten (Indisch) und westlichsten (Germanisch) Vertreter dieser Sprachfamilie. Mit der Entdeckung des Tocharischen als östlichster indoeurop. Sprache ist das Indische dieser Rolle jedoch entkleidet worden.

europäischen Sprachen entspricht. Da alle in die Tabelle aufgenommenen Formen älter als das Althochdeutsche bzw. Englische sind, folgerte man, dass das ursprüngliche **p** in den germanischen Sprachen zu **f** geworden sei. Treten solche Entsprechungen mit einer gewissen Regelmäßigkeit auf, dann spricht man von einem Lautgesetz:

idg. p ▶ germ. f[1]

Setzt man diesen Sprachvergleich fort, so gelangt man zu einer rekonstruierten indoeuropäischen Form *petér*[2]. Dieser kann von den Schülern selbstverständlich nicht geleistet werden, doch kann zumindest ein Eindruck davon vermittelt werden, dass bestimmte Sprachen offensichtlich miteinander verwandt sind und auf einem gemeinsamen Ursprung beruhen.

Die Zweige der indoeuropäischen Sprachfamilie werden der Übersichtlichkeit halber zunächst nach ihrer Bezeichnung für das Zahlwort 100, das im Idg. *kmtóm lautete, in **Kentum**- und **Satem**-Sprachen eingeteilt. Zur Kentum-Gruppe gehören etwa das Germanische, das Griechische, das Italische u. a., zur Satem-Gruppe zählen das Indische, das Iranische, das Slavische u. a.
Das Deutsche ist in seiner frühesten für uns greifbaren Form ab dem 8. Jh. n. Chr. belegt. Ältere Sprachstufen des Germanischen lassen sich anhand einiger weniger Runeninschriften sowie durch eine teilweise erhalten gebliebene Bibelübersetzung des Bischofs Wulfila ins Gotische einigermaßen gesichert rekonstruieren.
Eine Einführung in die Geschichte der Entwicklung der indoeuropäischen Sprachen muss naturgemäß knapp bleiben. Es können daher weder alle Verästelungen der Entwicklung der indoeuropäischen Sprachen insgesamt noch die Entwicklungsstufen der germanischen Sprachen im Detail besprochen werden. Der genaue Stammbaum der indogermanischen Sprachen kann den Schülern anhand von **Zusatzmaterial 9** (S. 118) nachvollzogen werden. Sollte für eine genaue Behandlung dieser Thematik im Unterricht keine Zeit sein, so kann alternativ dazu auch direkt zur Behandlung der mittelalterlichen Literatur übergegangen werden. In diesem Falle sollte den Schülern aber das Arbeitsblatt mit den Hinweisen zu den Besonderheiten und zur Aussprache des Mittelhochdeutschen direkt zu Beginn der Unterrichtsreihe zugänglich gemacht werden (**Arbeitsblatt 5**, S. 28f.).

1.2 Die Verwandtschaft der indoeuropäischen Sprachen

Da ein bloßes Nachvollziehen der verwandtschaftlichen Beziehungen zwischen den indoeuropäischen Sprachen anhand von Tabellen für Schüler erfahrungsgemäß wenig motivierend ist, wird hier ein entdeckender Zugang vorgeschlagen (**Arbeitsblatt 1**, S. 24). Als Textgrundlage bietet sich hierzu der Anfang des Vaterunsers an, da dieser Text zum einen wahrscheinlich den meisten Schülern im Prinzip bekannt und er zum anderen auch in den älteren Sprachen bzw. Sprachstufen vorhanden ist, sodass eine Vergleichbarkeit gegeben ist.

■ *Untersuchen Sie die Texte auf Gemeinsamkeiten und Unterschiede im Hinblick auf das verwendete Vokabular. Beziehen Sie hierbei auch ähnlich klingende Wörter mit in Ihre Überlegungen ein. Unterstreichen Sie hierzu Gemeinsamkeiten zwischen einzelnen bzw. gegebenenfalls auch allen Sprachen in verschiedenen Farben.*

■ *Versuchen Sie thesenartig, Ursachen für Ihren Befund zu formulieren.*

---

[1] Das Beispiel ist stark vereinfacht: Dieses Lautgesetz gilt nur im Anlaut sowie für bestimmte Fälle im Inlaut.
[2] Das Sternchen vor dem Wort bedeutet in der Sprachwissenschaft, dass dieses Wort nirgends belegt ist, sondern erschlossen wurde.

Die Texte können den Schülern entweder auf Folie präsentiert und im Unterricht gemeinsam erarbeitet werden oder, und dieser Weg wird empfohlen, als Kopie mit den angegebenen Arbeitsaufträgen ausgegeben und in Partnerarbeit bearbeitet werden. Ziel ist zum einen, die grundsätzliche Verwandtschaft aller aufgeführten Sprachen zu erkennen. Falls nötig sollte darauf hingewiesen werden, dass diese in den vorliegenden Fällen nicht durch Übernahme aus dem Griechischen bzw. Lateinischen (etwa in Analogie zu lat. fenestra → nhdt. Fenster) zu erklären sind, da es sich um zentrale Begriffe handelt, die in jeder Sprache vorhanden sein müssen und deren Übernahme aus einer fremden Sprache nur schwer zu erklären wäre. Zum anderen ergibt der Vergleich aber auch, dass unter den angegebenen Sprachen zwei Gruppen erkennbar sind, die sich leicht als germanische und romanische Sprachfamilien identifizieren lassen.

Die Ergebnisse können anschließend in folgendem Tafelbild gesichert werden:

Sollte der Lerngruppe der Zusammenhang zwischen dem lateinischen *pater* und dem germanischen *fater* nicht klar geworden sein, so sollte dies im Unterrichtsgespräch aufgegriffen und thematisiert werden, sodass das eingangs erläuterte Lautgesetz als ein Unterscheidungsmerkmal zwischen dem Indogermanischen und den germanischen Sprachen deutlich wird. Entsprechende Lateinkenntnisse der Lerngruppe vorausgesetzt, können zur Verdeutlichung auch folgende lateinische Vokabeln an die Tafel geschrieben werden, verbunden mit dem Arbeitsauftrag, diese gemäß dem Lautgesetz in eine „germanische" Form zu bringen.

■ *Erschließen Sie in Analogie zu dem Beispiel lat. fater – nhdt. Vater den germanischen Lautbestand im Anlaut folgender Wörter: piscis, pecus, pellis, pes.*

| piscis - Fisch | pecus - Vieh | pellis - Fell | pes - Fuß |

Dieses exemplarische Erarbeiten der sogenannten Lautgesetze kann anschließend anhand einer schematischen Übersicht zur germanischen Lautverschiebung ergänzt und systematisiert werden (**Arbeitsblatt 2**, S. 25). Zusätzlich kann an dieser Stelle durch die Lehrkraft auch noch auf die Bedeutung der Festlegung des Hauptwortakzentes in den germanischen Sprachen hingewiesen werden, indem diese gegenüber dem Lateinischen an einem weiteren einfachen Beispiel erläutert wird.

Freier Wortakzent	Festgelegter Wortakzent
Róma	Róm
Románus	Rómer
Romanórum	römische
Romanorúmque	Römerlager

Als Folge dieser Festlegung des Wortakzents kann an dieser Stelle ferner auf die Abschwächung der Endsilben in den germanischen Sprachen und den damit zusammenhängenden Rückgang des Formenreichtums in der Flexion verwiesen werden, der zumindest Lateinschülern aus ihrer Erfahrung im Lateinunterricht bekannt sein sollte.

1.3 Die Urheimat der Indogermanen

Zur Vertiefung und zur Gewinnung eines kleinen Einblicks in das Fachgebiet der Indogermanistik kann an dieser Stelle **Arbeitblatt 3** (S. 26) eingesetzt werden. Dieses verdeutlicht den Schülern anhand eines kurzen Abrisses zur linguistisch-kulturhistorischen Methode, welche Aussagen zur Herkunft und Kultur des indogermanischen Urvolkes mit einiger Sicherheit gemacht werden können. Zugleich können den Schülern hier die Bedingungen bewusst gemacht werden, unter denen sich eine Sprache verändert bzw. sogar zu verschiedenen Sprachen entwickelt.

Fassen Sie die wichtigsten Erkenntnisse über die Indogermanen zusammen und erläutern Sie anhand der Karte, mit welchen Mitteln die linguistisch-kulturhistorische Methode versucht, zu Aussagen über die Kultur und die Herkunft der Indogermanen zu gelangen.

Die Ergebnisse können anschließend in folgendem Tafelbild gesichert werden.

„Urheimat" und Kultur der Indogermanen

indogermanische Begriffe für Biber, Weizen, Birke, Pferd u. a. im Idg. nachweisbar, Begriffe wie Löwe, Elefant, Wein jedoch nicht

↓

Vergleich mit dem (historischen!) Verbreitungsgebiet

→ Vermutung des Gebietes zwischen Ostsee und Schwarzem Meer als Urheimat einer patriarchalisch geprägten Gesellschaft von Ackerbauern und Viehzüchtern

Alternativ hierzu ist auch ein eher entdeckender Zugriff möglich: Hierzu müssten den Schülern zunächst die wichtigsten Informationen bezüglich des Problems und der methodischen Zugriffsweise der linguistisch-kulturhistorischen Methode in Form eines Lehrervortrags oder eines Kurzreferats zugänglich gemacht werden. Anschließend erhalten die Schüler (möglichst auf Folie) eine unbeschriftete Karte mit den Umrissen Europas, verbunden mit folgendem Arbeitsauftrag:

> ■ *Sprachwissenschaftler haben herausgefunden, dass es indogermanische Bezeichnungen für den Biber, die Birke und Weizen gibt, aber die Kastanie, der Wein und die Olive den Indogermanen offenbar unbekannt waren. Informieren Sie sich (etwa im Internet) über das Verbreitungsgebiet der genannten Tier- und Pflanzenarten und zeichnen Sie dieses in verschiedenen Farben in die Karte. Überlegen Sie, welche Rückschlüsse Ihre Ergebnisse auf die Herkunft der Indogermanen zulässt.*

Die Schüler werden auf diese Weise im Großen und Ganzen zu ähnlichen, wenngleich etwas ungenaueren Ergebnissen gelangen, die die Karte auf dem **Arbeitsblatt 3** wiedergibt.

Zur Verdeutlichung der Ausbreitung des sogenannten „Urvolks" und zum damit beginnenden Auseinanderdriften der Sprache kann den Schülern der Stammbaum der indogermanischen Sprachen als Folie präsentiert und im Unterricht besprochen werden.

> ■ *Welche Gründe gibt es ihrer Ansicht nach für die Auseinanderentwicklung des Indogermanischen zu verschiedenen Sprachen?*

Als Ursache wird sich relativ rasch die zunehmende räumliche Trennung der Sprechergemeinschaft ergeben, die als wichtigste Ursache des Sprachwandels (zumindest in früherer Zeit) entsprechend hervorgehoben werden sollte. Allerdings ist damit vor allem das Wie, nicht jedoch das Warum des Sprachwandels erklärt. Da für das Germanische nur sehr wenige schriftliche Zeugnisse zur Verfügung stehen, ist die Frage nach den Ursachen für den sprachlichen Wandel nur schwer zu beantworten.

Allerdings ist eindeutig erwiesen, dass sich die Indogermanen bei ihrer Ausbreitung nicht in bislang menschenleeren Gebieten niederließen, sondern auf eine eingesessene Bevölkerung trafen. Dementsprechend kann es auch nicht überraschen, dass etwa 40 % des germanischen Wortschatzes nichtindogermanischen Ursprungs ist. Die lautlichen Veränderungen könnten dementsprechend auf die Vermischung unterschiedlicher Sprachen zurückzuführen sein. Dieser Verschmelzungsprozess dürfte etwa um 1200 v. Chr. beendet gewesen sein.

1.4 Vom Germanischen zum Deutschen

Einführung

Das Wort „deutsch" begegnet uns zum ersten Mal in lateinischer Form im Jahre 786, als der päpstliche Nuntius Georg von Ostia dem Papst Hadrian I. über zwei Synoden berichtet, die in England stattfanden. Dabei wurden die Beschlüsse sowohl in lateinischer *(latine)* als auch in der Volkssprache *(theodisce)* verlesen, damit alle sie verstehen konnten.

Zwei Jahre später (788) wurde der Bayernherzog Tassilo auf dem Reichstag zu Ingelheim der Fahnenflucht angeklagt, „was in der Sprache des Volkes ‚Heeresaufsplitterung'" genannt werde („quod theodisca lingua ‚harisliz' dicitur"[1]).

---

[1] Annales Regni Francorum zum Jahr 788. Hier zitiert nach: König, Werner: dtv-Atlas zur deutschen Sprache. 9. Aufl., München 1992, S. 59

Die beiden Quellen zeigen, dass das Wort „deutsch" ursprünglich eine Gelehrtenbezeichnung für ‚volkstümlich, zum Volke gehörig, heimisch' war, die die Volkssprachlichkeit im Gegensatz zum Latein der Gelehrten bezeichnete. Erst im Laufe des 9. Jahrhunderts bürgert sich die Bezeichnung *theodisk* auch als Bezeichnung der ‚deutschen' Sprache gegenüber dem Altfranzösischen ein.

Entstanden sind die verschiedenen deutschen Dialekte während der Völkerwanderungszeit (3.–6. Jh. n. Chr.), als sich die ursprünglich meist kleinen germanischen Stämme allmählich zu Großverbänden zusammenschlossen, die schließlich den Westen des Römischen Reiches eroberten. Einen schriftlichen Niederschlag fand in dieser Zeit nur das Gotische, da der gotische Bischof Wulfila (um 311–383) eine Übersetzung des Neuen Testaments ins Gotische anfertigte, die teilweise erhalten ist. Das Gotische kann jedoch keinesfalls als Vorläufer des Deutschen gesehen werden, da die Goten als Volk untergegangen sind bzw. sich assimilierten, sodass das Gotische einen toten Zweig der germanischen Sprachen darstellt.

Entscheidend für die Entwicklung des Deutschen wurden verschiedene lautliche Veränderungen, von denen im Einzelnen die westgermanische Konsonantengemination, die Monophtongierung (ai>e), die Diphtongierung (e>ie, o>uo), der i-Umlaut sowie die zweite Lautverschiebung zu nennen sind. Letztere soll wegen ihrer prägenden Bedeutung für die deutsche Dialektgeografie kurz vorgestellt werden.

Die zweite oder hochdeutsche Lautverschiebung (500–600)

Zusammengefasst werden die germ. Laute **p**, **t**, **k** im Deutschen zu **f, z, ch**. Im Einzelnen erfolgt die zweite Lautverschiebung nach folgenden Gesetzmäßigkeiten:

Die Verschiebung vom Germanischen zum Doppelfrikativ

p	>	ff
t	>	zz
k	>	hh

erfolgt nur postvokalisch. Sie erstreckt sich über das ganze hochdeutsche Gebiet. Im Auslaut und nach Langvokal werden diese Doppelfrikative meist vereinfacht (z. B. germ. *slepan → ahd. slafan).

Die Verschiebung vom Germanischen zu den Affrikata

p	>	pf
t	>	zt (z)
k	>	kch (ch)

wird vollzogen
- im Anlaut,
- bei voralthochdeutscher Verdoppelung (-pp-, -tt-, -kk-),
- nach Konsonanten.

Sie reicht bei den drei Konsonanten vom Süden beginnend verschieden weit nach Norden.

	*germanisch		althochdeutsch	
p	*slêpan	f	slâfan	‚schlafen'
	*plegan	pf	pflêgan	‚pflegen'
	*appla	pf	apful	‚Apfel'
t	*etan	zz	ezzan	‚essen'
	*settian	tz	setzen	‚setzen'
	*holta	tz	holz	‚Holz'

k	*ik	h	ih		‚ich'
	*korna	kch	kchorn (abair.)		‚Korn'
	*werka	kch	werch (abair.)		‚Werk'[1]

Diese Lautverschiebung beginnt etwa um 500 n. Chr. im Süden und schwächt sich nach Norden immer stärker ab. Der Norden des heutigen Deutschland wird nicht mehr erfasst, sodass das Niederdeutsche den alten Sprachstand beibehält. Die Wandlung ist etwa um 600 n. Chr. abgeschlossen. Lehnworte, die nach diesem Zeitraum in die deutsche Sprache eindringen, werden von der Lautverschiebung nicht mehr erfasst (lat. palatium > Palast, vgl. aber auch lat. palatium > Pfalz). Hier drang dasselbe Wort zweimal in die deutsche Sprache ein, einmal vor und einmal nach der Lautverschiebung). Die unterschiedliche Durchsetzung der Lautverschiebung gliedert folglich bis heute die Dialektgeografie des Deutschen:

Den Raum nördlich der sogenannten Benrather Linie, der von der Lautverschiebung unberührt blieb, bezeichnet man als **niederdeutschen** Sprachraum, südlich von ihr liegt der **hochdeutsche** Sprachraum, der durch die sogenannte Speyrer Linie in den **mittel-** und den **oberdeutschen** Teil gegliedert wird. Das **Westmitteldeutsche** wird schließlich durch zwei Sonderfälle der Lautverschiebung weiter unterteilt:

- Die Dorp/Dorf – Linie trennt das **Ripuarische (Rheinisch)** vom Moselfränkischen.
- Die dat/das – Linie scheidet das **Moselfränkische** vom **Rheinfränkischen**.
- Die Kind/Chind – Linie trennt das **Niederalemannische** vom **Hochalemannischen**.

Diese dialektgeografischen Besonderheiten lassen sich bis heute in den Mundarten nachweisen.

Hinweise zum Einsatz im Unterricht

Ziel dieser Unterrichtssequenz ist es, den Schülern die oben skizzierte Entwicklung begreiflich zu machen und darüber hinaus zu verdeutlichen, dass die Bezeichnung „Hochdeutsch" in sprachwissenschaftlicher Hinsicht etwas anderes bedeutet als im Alltagsgebrauch. Den Schülern dürfte der Begriff vermutlich als Bezeichnung der von Dialekteinflüssen befreiten Standardsprache bekannt sein. Dieses Vorverständnis kann im Unterricht zunächst aufgegriffen werden, um es im Anschluss an die Behandlung des Themas im Unterricht mit dem sprachwissenschaftlichen Verständnis zu kontrastieren. Dieser Unterschied ist für die weitere Beschäftigung mit dem Thema auch insofern von Bedeutung, als auch und gerade bei der Beschäftigung mit der mittelalterlichen Literatur den Schülern bewusst sein sollte, dass die Begriffe alt- bzw. mittelhochdeutsche Lyrik eben letztlich Dialektdichtung bezeichnen, wenngleich sich im Mittelhochdeutschen bereits erste Anzeichen zur Entwicklung einer deutschen Standardsprache zeigen.
Im ersten Schritt sollen zunächst die wichtigsten Merkmale der zweiten Lautverschiebung erarbeitet werden (**Arbeitsblatt 4**, S. 27).

- *Beschreiben Sie nach der Karte zur zweiten Lautverschiebung die Veränderung der Verschlusslaute in den verschiedenen Sprachräumen.*
- *Stellen Sie fest, welche germanischen Verschlusslaute folgenden Wörtern zugrunde liegen: Pflug, Pfeife, Wasser, Zunge, Kuchen, machen, zehn, Schiff, reifen, setzen.*
- *Übersetzen Sie die oben genannten Wörter ins Englische und erklären Sie Ihren Befund.*

---

[1] Die Beispiele und Angaben folgen dem dtv-Atlas zur deutschen Sprache, S. 62f.: König, Werner: dtv-Atlas zur deutschen Sprache. 9. Aufl., München 1992

Baustein 1: Sprachgeschichte

Die oben skizzierten Veränderungen lassen sich in reduzierter Form leicht der Karte entnehmen. Die Umwandlung der modernen hochdeutschen Begriffe dient der Überprüfung des Verständnisses und dürfte in Bezug auf den Lautbestand zu prinzipiell ähnlichen Ergebnissen gelangen wie eine Übersetzung ins Englische:

Pflug = plough, Pfeife = pipe, Wasser = water, Zunge = tongue, Kuchen = cake, machen = make, zehn = ten, Schiff = ship, reifen = ripe, setzen = sit

Es sollte aber in jedem Falle darauf hingewiesen werden, dass das Englische nicht aus dem Niederdeutschen entstanden ist, sondern nur auf einen gemeinsamen Vorläufer zurückgeht, der durch die Eroberung Englands durch die Angeln und Sachsen auf die britischen Inseln gelangte und sich dort gegen die einheimischen Sprachen durchsetzte.

Die zweite Lautverschiebung und die Entstehung des Deutschen

3.–6. Jh. n. Chr.: Völkerwanderungszeit, Entstehung germanischer Großstämme, die sich auf dem Gebiet des Weströmischen Reiches niederlassen
5./6. Jh.: Ausbreitung der zweiten Lautverschiebung von Süden nach Norden

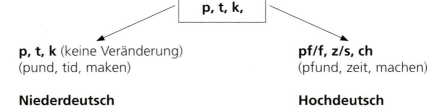

p, t, k (keine Veränderung)   **pf/f, z/s, ch**
(pund, tid, maken)   (pfund, zeit, machen)

Niederdeutsch   **Hochdeutsch**
(Norddeutschland)   (Mittel- und Süddtl.)

Das Englische entstand aus dem Anglofriesischen, das von der Entwicklung ebenfalls nicht betroffen war und daher den alten Lautstand bewahrte.

Zur Vertiefung kann es eine reizvolle Aufgabe sein, die soeben erarbeiteten Besonderheiten der Dialektgeografie an einem modernen Gedicht nachzuweisen.

■ *Bereiten Sie das Gedicht „Vun disse Tied" von Helmut Debus für einen angemessenen Vortrag vor und fertigen Sie eine hochdeutsche Übersetzung an.*

■ *Weisen Sie die Ihnen bekannten Besonderheiten des niederdeutschen Dialekts an dem Gedicht nach.*

Der Nachweis des für das Niederdeutsche zuvor erarbeiteten Lautbestandes an dem Gedicht dürfte die Schüler vor keine größeren Schwierigkeiten stellen, da der Text eine Vielzahl von Beispielen bietet:

Tiet (Überschrift, V. 4), sitten (V. 1), sik (V. 5), maakt (V. 8), u.v.m.

1.5 Das Mittelhochdeutsche und seine Entwicklung zum Neuhochdeutschen

Unter Mittelhochdeutsch versteht man jene Sprachperiode des Deutschen, die das Alt- und das Neuhochdeutsche zeitlich voneinander abgrenzt (1050–1400). Wenngleich das Adjektiv „hoch" auch in diesem Fall keine Qualitätsstufe, sondern lediglich den geografischen

Raum (Süddeutschland) bezeichnet, so lassen sich seit dem 12. Jahrhundert durch den ausgeprägteren Gebrauch der deutschen Sprache in der Literatur doch Tendenzen zu einer Standardsprache ausmachen, indem sich die Dichter der Stauferzeit nämlich bemühten, eine Sprache zu verwenden, die an allen Höfen verstanden werden konnte.

Gegenüber dem Althochdeutschen werden vor allem die volltönenden Vokale **a, i, o und u** in Vor-, Ableitungssilben sowie Endungen zu **-e** abgeschwächt.

Eine Übersetzung ins Neuhochdeutsche wird teilweise durch eine Bedeutungsveränderung auf den ersten Blick bekannt erscheinender Worte erschwert, die auf kulturellen Wandel zurückzuführen sind.

Das Arbeitsblatt mit den Ausspracheregeln des Mittelhochdeutschen sollte den Schülern zur Kenntnisnahme ausgegeben und gegebenenfalls kurz erläutert werden. In der Folge soll dann kurz das Phänomen des Bedeutungswandels untersucht werden, indem die Schüler die auf dem **Arbeitsblatt 5** (S. 28) befindliche Tabelle mit Beispielen untersuchen. Entsprechende Hilfsmittel (mhd. Wörterbücher) vorausgesetzt, können anstelle des Arbeitsblattes zunächst auch nur einige oder alle der mittelhochdeutschen Begriffe mit Aufgabenstellung gegeben werden:

- *Definieren Sie die Bedeutung folgender Begriffe im Mittelhochdeutschen und Neuhochdeutschen und ordnen Sie sie nach der Art der Bedeutungsveränderung.*

- *Versuchen Sie, anhand eines oder mehrerer selbst gewählter Beispiele zu ermitteln, was der Grund für die Bedeutungsveränderung gewesen sein könnte.*

Im Einzelnen lassen sich die Bedeutungsveränderungen unter folgenden Gesichtspunkten zusammenfassen:

> **Bedeutungsverengung:** z. B. mhd. miete = Belohnung; nhd. Mietzins
> **Bedeutungserweiterung:** z. B. mhd. schalc = Knecht; nhd. Spaßvogel
> **Bedeutungsverschlechterung:** z. B. mhd. dirne = Jungfrau; nhd. Prostituierte
> **Bedeutungsverbesserung:** z. B. mhd. gesmide = Schmiedearbeit; nhd. Schmuck

Als mögliche Gründe für die Bedeutungsveränderung könnte etwa im Falle der *tugent* ein Zivilisierungsprozess herausgestellt werden, infolgedessen ethische Maßstäbe einen höheren Stellenwert erhielten als äußerliche Fertigkeiten. Im Falle der *frouwe* bzw. des *wîp* ließe sich das Galanteriegebot herausstellen, das dazu führte, dass der Gebrauch der eigentlich nur der höhergestellten Frau vorbehaltenen Bezeichnung ausgedehnt wurde, wodurch umgekehrt aber auch bislang gebräuchliche Begriffe einen pejorativen Charakter erhielten.

Möglich und möglicherweise motivierender ist es allerdings, diese Bedeutungsveränderungen und ihre Gründe anhand eines Beispiels bei passender Gelegenheit zu erarbeiten (siehe Baustein 4, S. 86ff.).

Lautliche Veränderungen vom Mittelhochdeutschen zum Neuhochdeutschen

Im Übergang zum Neuhochdeutschen treten folgende Veränderungen auf:

1. Neuhochdeutsche Diphtongierung

Seit dem 12. Jahrhundert verändern sich im hochdeutschen Sprachraum (mit Ausnahme des Alemannischen) die langen Vokale **î, û** sowie **iu** zu Diphtongen (Doppellauten):

Beispiel: mîn > mein   hûs > Haus

2. Neuhochdeutsche Monophtongierung

Im mitteldeutschen Sprachraum setzte hierzu eine Gegenbewegung ein, durch die die mittelhochdeutschen Zwielaute **ie**, **uo** und **üe** zu einfachen Selbstlauten (Monophtongen) wurden.

Beispiel: guote > gute   grüeze > Grüße

Diese Veränderungen sind unmittelbar einsichtig und bedürfen im Grunde keiner besondern Übung bzw. Erarbeitung. Wichtiger ist, die Schüler ausdrücklich darauf hinzuweisen, dass etwa der mittelhochdeutsche Zwielaut **ie** auch als Diphtong zu lesen ist.

1.6 Die Bedeutung Luthers für die deutsche Sprachentwicklung

Zum Abschluss der Beschäftigung mit der Entwicklung des Deutschen soll die Bedeutung der Bibelübersetzung Martin Luthers (1483–1546) für die Entwicklung der neuhochdeutschen Schrift- und Einheitssprache herausgestellt werden (**Arbeitsblatt 6**, S. 30ff.). Als Voraussetzung bedurfte Luther zum einen der Erfindung des Buchdrucks durch Johannes Gutenberg (1400–1468), ohne die die rasche Verbreitung seiner Übersetzung undenkbar gewesen wäre. Ebenso wichtig war aber der zunehmende Handel und Verkehr zwischen den aufblühenden Reichsstädten, der eine Einheitssprache allein aus pragmatischen Gründen eigentlich unabdingbar machte und die teilweise Nivellierung der deutschen Dialekte vorbereitete. Nicht mehr haltbar ist aus sprachwissenschaftlicher Sicht ferner die Behauptung, Luther habe durch seine Bibelübersetzung die neuhochdeutsche Sprache „geschaffen". Dies wäre einer einzelnen Person auch kaum möglich gewesen. Luthers Leistung liegt demgegenüber mehr in der Aufnahme in seiner Zeit bereits vorhandener Tendenzen. Entgegen der landläufigen Meinung war seine Bibelübersetzung keineswegs die erste, aber doch die wirkungsmächtigste, da sie im Gegensatz zu ihren Vorgängern, die mehr oder weniger stark mundartlich geprägt waren und sich syntaktisch zudem oft sklavisch an den lateinischen bzw. griechischen Text des Originals anlehnten, fast allgemein verständlich war. Hierbei kam Luther seine Herkunft entgegen: Im ostmitteldeutschen Raum, dem Luther entstammte, hatten sich die mundartlichen Eigenarten wegen der Heterogenität der Bevölkerung, die oft aus anderen Regionen zugewandert war, bereits stärker als andernorts abgeschliffen. Auch hatten die Bemühungen der Kanzleien der Territorialherren um eine deutsche Schriftsprache dem Unternehmen Luthers gleichsam zugearbeitet.

Luthers eigene sprachliche Leistungen scheinen demgegenüber auf den ersten Blick bescheiden: So ergänzte er den Bibeltext um Modalwörter wie „allein", „doch", „nur", die im Original eher selten sind, doch den deutschen Text flüssiger erscheinen lassen. Ferner sind Luthers Bemühungen um eine treffende Übersetzung viele Wortneuschöpfungen (z. B. Feuereifer, Lückenbüßer) und Umprägungen (‚fromm' verengt seine Bedeutung von ‚tüchtig, rechtschaffen' zu ‚gläubig') zu verdanken. Insgesamt wirkte Luther vor allem durch seinen enormen Erfolg maßgeblich auf die deutsche Sprache ein.

Methodisch bietet sich hierbei der Einstieg über ein informierendes Referat zur Person Martin Luthers an, das natürlich einige Zeit vor Beginn der Unterrichtssequenz vergeben werden muss.

Alternativ hierzu kann natürlich auch auf den knappen Einführungstext auf dem Arbeitsblatt zurückgegriffen werden.

Anschließend sollen die Schüler den Auszug aus Luthers „Sendbrief vom Dolmetschen" unter folgender Fragestellung bearbeiten und anschließend seine Bibelübersetzung mit einer früheren vergleichen.

Baustein 1: Sprachgeschichte

■ *Fassen Sie Luthers Gründsätze für eine Übersetzungstätigkeit zusammen und überlegen Sie, inwieweit diese auch für einen heutigen Übersetzer noch Gültigkeit besitzen.*

■ *Vergleichen Sie in einer Tabelle die Übersetzungen des 23. Psalms von 1475, 1523 und 1545 hinsichtlich ihrer Genauigkeit und ihres Stils und beurteilen Sie, inwiefern Luther seinen Prinzipien gerecht wird.*

Die Ergebnisse können anschließend wie folgt zusammengefasst werden.

Martin Luther: Sendbrief vom Dolmetschen (1530)

- Bemühen um ein klares und reines Deutsch
- Notwendigkeit einer intensiven Suche nach dem treffenden Ausdruck
- Allgemeinverständlichkeit als oberstes Ziel
- Orientierung an der gesprochenen deutschen Sprache, nicht am Lateinischen
- sinngemäße Übersetzung ist besser als eine sklavische Wiedergabe im Deutschen nicht verständlicher Sprachbilder u. Ä.
- teilweise auch buchstabengetreue Übersetzung, um den Sinn des Originals nicht zu entstellen

➡ vorrangiges Ziel der Übersetzung ist die Verdeutlichung des Sinns des Originals

---

Im Unterrichtsgespräch dürfte sich rasch ergeben, dass Luthers Grundsätze auch heute noch einem Übersetzer als Richtschnur dienen können, wenngleich den Schülern das Bemühen um reines Deutsch möglicherweise etwas fremd oder sogar unnötig vorkommen mag. Dass Luther seine eigenen Regeln durchaus beherzigte, zeigt der Vergleich der Bibelübersetzungen: Insbesondere der durch die zweite Aufgabe geforderte Vergleich mit Zainers Übersetzung zeigt Luthers Bemühen um einen Satzbau, der der deutschen Sprache entspricht und allgemein verständlich ist: Übernahm Zainer noch die für das Lateinische typischen, im Deutschen aber schwerfällig wirkenden Nominalkonstruktionen fast wörtlich, so wandelt Luther diese in geschmeidigere Adjektivattribute um. Zudem versucht er, in dem durch den Psalm vorgegebenen Bild des Hirten zu bleiben, und weicht hierzu sogar von der Formulierung der Vulgata ab: Aus *Dominus regit me* (Der Herr leitet mich) wird bei ihm „der herr ist meyn hirte". Wie sorgfältig Luthers Arbeitsweise gewesen ist, ergibt zudem der Vergleich der beiden Fassungen miteinander, der zeigt, dass weitere ungelenke Formulierungen geglättet wurden.

Frühneuhochdeutsche Bibelübersetzungen im Vergleich

Zainer-Bibel (1475)	Luther-Bibel (1523)	Luther-Bibel (1545)
• weitläufiger, oft umständlicher Stil	• Ersetzung der Nominalausdrücke durch Verben bzw. Adjektive	• Verfeinerung der Übersetzung durch Umschreibung ungelenker Ausdrücke (Wohnung des Grases → grünen Awen)
• wortgetreue Übersetzung, die auch in der Syntax dem Original folgt	• sinngemäße Übersetzung (regit – er leitet → Hirte), die sich um Einheitlichkeit des Bildes bemüht	• verstärkte Einheitlichkeit des Bildes (keret wider → erquicket)
• Häufung nominaler Ausdrücke		
⬇	⬇	
Gelehrtenübersetzung	**Bemühung um Lebendigkeit und Verständlichkeit**	

Vergleich der ersten beiden Verse des „Vater-Unser"

Lateinisch

Pater noster, qui es in caelis, sanctificetur nomen tuum, adveniat regnum tuum, fiat voluntas tua sicut in caelo et in terra.

Althochdeutsch

Fater unser, thus in himilon bist, gi uuîhit[1] si namo thîn, quaeme rîchi thîn, uuerde uuilleo thîn, sam sô in himile endi in erthu.

Neuhochdeutsch

Vater Unser im Himmel, geheiligt werde dein Name, dein Reich komme, dein Wille geschehe wie im Himmel so auf Erden.

Englisch

Our father which art in heaven, hallowed be thy name, thy kingdom come, thy will be done in earth as it is in heaven.

Italienisch

Padre nostro che sei nei cieli, si santificatio il tuo nome, venga il tuo regno, si fatta la tua volunta come in cielo cosi interra.

Französisch

Notre père qui es aux cieux, que ton nom soit sanctifié; que ton règne vienne; que ta volonté soit faite sur la terre comme aux ciel.

Niederländisch

Onze Vader, die in de hemel zijt, uw naam worde geheiligd; uw rijk kome; uw wil geschiedde op aarde zoals in den hemel.

---

1. Untersuchen Sie die Texte auf Gemeinsamkeiten und Unterschiede im Hinblick auf das verwendete Vokabular. Beziehen Sie hierbei auch ähnlich klingende Wörter mit in Ihre Überlegungen ein. Unterstreichen Sie hierzu Gemeinsamkeiten zwischen einzelnen bzw. gegebenenfalls auch allen Sprachen in verschiedenen Farben.

2. Versuchen Sie thesenartig, Ursachen für ihren Befund zu formulieren.

---

[1] Der Doppelvokal **uu** wird im Ahd. wie w gesprochen.

Die erste (germanische) Lautverschiebung

Die Vorgeschichte der deutschen Sprache – Die indoeuropäische Sprachenfamilie (1./2. Jahrtausend v. Chr.)

In einem kurzen Abriss sollen die Entwicklungsphasen der deutschen Sprache dargestellt werden, damit die sprachlichen Bedingungen der mittelalterlichen Literatur deutlich und die ersten Phasen der Entstehung unserer neuhochdeutschen Sprache verständlich werden.
Unsere Sprache ist uns erst seit dem Ende des 8. Jahrhunderts schriftlich überliefert; über ihre frühere Form konnten Sprachwissenschaftler Aussagen machen durch einen Vergleich mit verwandten Sprachen. Sie gehört zu den germanischen Sprachen und diese wiederum sind der *indo-europäischen Sprachenfamilie* zuzurechnen. Nach Lautbestand, Formenbau und Wortschatz sind z. B. verwandt die indische, persische, keltische, griechische, lateinische Sprache und die slawischen Sprachen.

Die erste (germanische) Lautverschiebung

altindisch	griechisch	lateinisch	gotisch	englisch	neuhochdeutsch
pitár	patér	pater	fadar	father	Vater
bhratar	phrator	frater	brothar	brother	Bruder
tráyas	treis	tres	threis	three	drei
asti	esti	est	ist	is	ist
veda	(w)oida	vidi	wait	wit	(ich) weiß
dasa	deka	decem	taihun	ten	zehn
bharami	phero	fero	baira	bear	(ge)bäre/Bahre

Die germanischen Sprachen veränderten sich im 1. Jahrtausend v. Chr. durch folgende Entwicklungen:
a) Der *Wortakzent* wurde fest auf die *Stammsilbe* gelegt.
   Z. B. patér (gr.) = Váter (dt.); laudáre (lat.) = lóben (dt.); laudémus = wir mögen lóben; láuda = lóbe; laudabúntur = sie werden gelóbt werden
b) Im *Konsonantensystem* wurden die *Verschlusslaute* abgeändert. (1. oder germanische Lautverschiebung, um 300 v. Chr. abgeschlossen)

1. Die idg. stimmlosen Verschlusslaute **p, t, k** werden im Germanischen zu den stimmlosen Reibelauten **f, th** (wie engl. **th**ree), **h** (wie nhd. a**ch**). Beispiele:

griechisch	lateinisch	gotisch	althochdeutsch	englisch	deutsch
patér	pater	fadar	fater	father	Vater
treis	tres	threis	dri	three	drei
kardia	cor	haírto	herza	heart	Herz

2. Die idg. stimmhaften, behauchten Verschlusslaute **bh** (gr. ph, lat. f), **dh** (gr. th, lat. f), **gh** (gr. kh, lat. h) werden im Germanischen zu den stimmhaften Reibe- (später meist Verschluss-)Lauten **b, d, g**. Beispiele:

griechisch	lateinisch	gotisch	althochdeutsch	englisch	deutsch
phrátor	frater	brothar	bruoder	brother	Bruder
thýra	fores	daúr	turi	door	nd. Dör (Tür)
khórtos	hortus	gards	garto	garden	Garten

3. Die idg. stimmhaften Verschlusslaute **b, d, g** werden im Germanischen zu den stimmlosen Verschlusslauten **p, t, k**. Beispiele:

griechisch	lateinisch	gotisch	althochdeutsch	englisch	deutsch
tlýrbe	turba	thaúrp	dorf	thorp	nd. Dörp (Dorf)
déka	decem	taíhun	zehan	ten	nd. tein (zehn)
góny	genu	kniu	kniu	knee	Knie

Aus: Peter Metterleiter/Stephan Knöbl (Hrsg.): Blickfeld Deutsch, Oberst. Paderborn: Schöningh Verlag 2003, S. 108f.

Das Urvolk und die Urheimat der Indogermanen

Fast zeitgleich mit der Entdeckung der Verwandtschaft der indoeuropäischen Sprachen begann auch die Suche nach dem „Urvolk" und dem ursprünglichen Siedlungsraum dieses Volkes. Bei aller Skepsis kann heute kein Zweifel mehr bestehen, dass es einmal ein Volk gegeben haben muss, das die indogermanische Grundsprache gesprochen hat. Da die ersten indogermanischen Sprachen bereits im 2. Jahrtausend v. Chr. als eigenständige Sprachen nachweisbar bzw. erschließbar sind, muss man annehmen, dass dieses „Urvolk" spätestens im 3. Jahrtausend existiert haben muss. Über das Volk selbst lassen sich keine genaueren Angaben machen, doch wird es oft mit den archäologisch im selben Zeitraum nachweisbaren sogenannten „Schnurkeramikern" identifiziert, benannt nach den auffälligen Verzierungen ihrer Keramik, deren Verbreitungsgebiet sich zeitweilig von der Schweiz und Mitteleuropa über Südskandinavien bis nach Zentralrussland erstreckte.

Um genauere Aussagen über die Herkunft und die Kultur dieses Volkes machen zu können, ist die Wissenschaft auf die Anwendung der sogenannten linguistisch-kulturhistorischen Methode angewiesen, deren Grundgedanke darauf basiert, dass aufgrund des erschlossenen Wortmaterials des Indogermanischen Aussagen über die genaue Herkunft und die Kultur möglich seien. Vereinfacht ausgedrückt: Existiert im Indogermanischen keine Bezeichnung für eine Sache oder etwa ein Tier, so muss man davon ausgehen, dass dieses den Indogermanen unbekannt war und umgekehrt. Hilfreich sind für die Lokalisierung insbesondere Tier- und Pflanzennamen, deren Verbreitung auch für die Zeit um 3000 v. Chr. recht genau festgestellt werden kann. So ist beispielweise im Indogermanischen keine Bezeichnung für Löwen oder Elefanten nachweisbar, wodurch Vorderindien und das Mittelmeergebiet als Ursprungsraum bereits ausscheiden. Andererseits kannten die Indogermanen offenbar Biber, wodurch wiederum alle Gebiete, in denen diese Tierart nicht vorkam, als Ursprungsraum ausscheiden. Mithilfe dieser Wortuntersuchungen lassen sich über die Kultur und den Herkunftsraum der Indogermanen mit einiger Gewissheit folgende Aussagen treffen:

- patriarchalische Organisation
- Kult eines Himmelgottes
- große Rolle des Pferdes, allerdings nicht als Reit-, sondern als Zugtier
- Ackerbau und Viehzucht als Grundlagen des Wirtschaftens, wobei dem Viehbesitz gesellschaftlich offenbar der größere Stellenwert zukam (vgl. lat. pecus = Vieh, pecunia = Geld)
- Metalle waren bekannt (Gold, Silber und „Erz"?), jedoch nicht das Eisen.
- Ursprungsgebiet war landschaftlich abwechslungsreich und verfügte sowohl über ausgedehnte Steppenlandschaften als auch über Wälder (Birke, Föhre, Eiche).

Aufgrund dieser Erkenntnisse identifiziert die moderne Sprachwissenschaft das Ursprungsgebiet der Indogermanen im Raum zwischen Elbe und Donau im Westen und Wolga im Osten gelegen, wobei das Kerngebiet aus unterschiedlichen Gründen wahlweise am Schwarzen Meer oder im Gebiet der Weichselmündung gesucht wird.

Wann genau und mit welchen Mitteln dieses Volk sich auszubreiten begann, ist unklar, doch hatte sich das Indogermanische bereits 2000 v. Chr. zu verschiedenen Sprachen entwickelt. Die nun entstehenden Zweige der indogermanischen Sprachfamilie teilt man in die westlichen Kentum- und die östlichen Satem-Sprachen ein (nach dem idg. Zahlwort für 100 *kmotóm).

▪ *Fassen Sie die wichtigsten Erkenntnisse über die Indogermanen zusammen und erläutern Sie anhand der Karte, mit welchen Mitteln die linguistisch-kulturhistorische Methode versucht, zu Aussagen über die Kultur und die Herkunft der Indogermanen zu gelangen.*

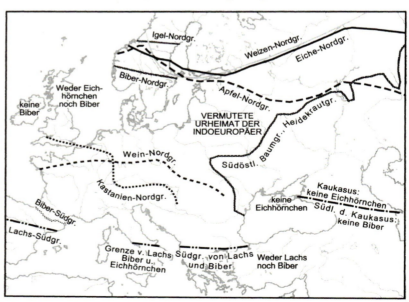

Urheimat der Indoeuropäer (nach St. E. Mann)

Die zweite Lautverschiebung und die Dialektgeografie des Deutschen

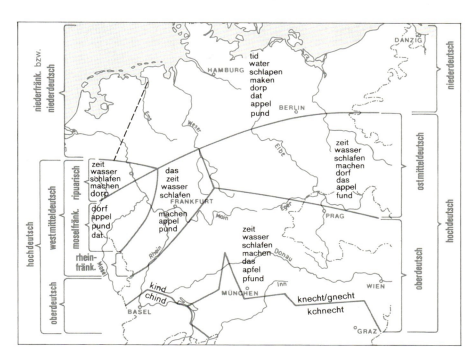

Helmut Debus (*1949): Vun disse Tiet[1]

Kumm rin un gah sitten,
kumm an miene Siet,
denn vertellt[2] wi us wat
vun disse Tiet.
5   Vun de, de sik afplackt[3]
    un de Sünn wenig schient.
    Un vun de in eer Palasten,
    de Profit maakt un grient.

Wi snackt vun us Land,
10 so gröön un so platt.
Use Lüüd, use Stroom,
vun dit un dat.
    Wi snackt öwer Frieheit
    mi röögt use Hänn[4].
15   Denn eenmal is ok
    use Angst to Enn.

Wi hebbt usen Droom,
full Lengen[5] um Moot.
Dicht achter de Wulken,
20 de Morgen is root.
    Riet dien Muul up, Minsch,
    wees nich so sacht.
    Dat is dat Enn
    vun een lange Nacht.

25 De Minsch is den Minschen
dann keen Fiend mehr.
Keeneen böögt den annern
sien Nacken to Eer.
    Un dat wat wi arbeit'
30   hört us alltosamen.
    Jedeen hett sien Fräden
    un seker Utkamen.

In: M. Bosch (Hrsg.): Mundartliteratur. Frankfurt/Main: Diesterweg 1979

1. Beschreiben Sie nach der Karte zur zweiten Lautverschiebung die Veränderung der Verschlusslaute in den verschiedenen Sprachräumen.

2. Stellen Sie fest, welche germanischen Verschlusslaute folgenden Wörtern zugrunde liegen: Pflug, Pfeife, Wasser, Zunge, Kuchen, machen, zehn, Schiff, reifen, setzen.

3. Übersetzen Sie die oben genannten Wörter ins Englische und erklären Sie Ihren Befund.

---

[1] Oldenburgisches Niedersächsisch, 1979   [2] wi vertellt: wir erzählen   [3] sik afplackt: sich abplagen   [4] röögt use Hänn: rühren unsere Hände   [5] Lengen: Sehnsucht; Moot: Mut

Bedeutungsveränderungen vom Mittelhochdeutschen zum Neuhochdeutschen

mhd. Form	mhd. Bedeutung	nhd. Bedeutung
arebeit	Mühsal	Tätigkeit, Leistung
art	Herkunft	Beschaffenheit
dirne	Mädchen	Prostituierte
edel	adligen Standes	von vornehmer Gesinnung
frouwe	adelige Frau	Frau allgemein
gast	Fremdling	Gastfreund, Besucher
gesmide	Schmiedearbeit	Schmuck
hôhgezîte	hohes Fest	Hochzeit, Vermählungsfest
marschalc	Pferdeknecht	hoher Offizier
maget	Jungfrau, Mädchen	Dienerin, Bedienstete
miete	Belohnung	Entgelt für geliehene Wohnung
milte	freigiebig	gütig, warmherzig, sanft
nît	Feindschaft	Neid, Hass, Missgunst
scalc	Knecht	Spaßvogel
sêre	schmerzhaft	äußerst
sleht	schlicht, gerade	minderwertig
tugent	Sicherheit im Waffenhandwerk und bei Hofe	sittliches Verhalten
wip	Frau (wertneutral)	Frau (peiorativ)

Die Sprache der Dichter seit etwa 1100 ist das **Mittelhochdeutsche**. Gegenüber dem Althochdeutschen sind die volltönenden Vokale a, i, o, u in Vor- und Ableitungssilben und Endungen zu e abgeschwächt (z. B. ahd. „namo" wird zu „name"). Diese Sprache wirkt weicher, beweglicher und gefälliger als das Althochdeutsche.

Für die Lautlehre und Wortkunde des Mittelhochdeutschen (Mhd.), also die Sprachform des Deutschen in der Zeit vom 12. bis zum 14. Jahrhundert, sind folgende Merkmale hervorzuheben:

Zur Lautlehre

Vokale:

- Abweichend vom Neuhochdeutschen (Nhd.) werden alle Vokale ohne Längenzeichen kurz gesprochen: *tac, sagen, edel, sehen, mir, wol, bote, mugen*. Das gilt auch für die Umlaute ä, ö, ü (iu): *lützel, küniginne, friunt*.
- Die mit Zirkumflex (^) gekennzeichneten Vokale werden lang gesprochen: *râten, frouwelîn, nît*.
- Doppellaute (Diphthonge), ie, ue, uo, sind fallend zu sprechen, d. h., man hört beide Laute, wobei der zweite schwach nachklingt: *líeber múeder brúoder*. Beim Übergang zum Nhd. werden sie zu einem langen i, ü, u. Diesen Vorgang nennt man nhd. Monophthongierung.
- Die langen Vokale î, iu, û (*mîn niuwes hûs*) werden beim Übergang zum Nhd. zum Doppellaut ei, eu, au. Diesen Vorgang nennt man nhd. Diphthongierung.

Konsonanten:

Die Konsonanten haben im Wesentlichen den gleichen Tonwert wie im Neuhochdeutschen.

- c ist wie k zu sprechen: *tac, mac, burc*.
- h ist im Silbenanlaut Hauchlaut: *herzliebes, sehen*; im Silbeninlaut und Silbenauslaut entspricht es dem nhd. ch: *geschiht, ih, sah*; im Silbenauslaut erscheint auch schon die Schreibung ch: *sich*.
- f und v haben denselben Lautwert und wechseln in der Schreibung: *frouwe, vrouwe*.

- ph ist stets als pf zu sprechen: *phlegen*.
- z nach Vokal ist gleich dem stimmlosen s: *geheizen, daz, grôz*; auch in der Verdoppelung: *wazzer*. Sonst wie nhd. z: *zît*.
- s ist stimmloses s: *sît, sprach*.

Zusammenziehungen:

- age –, – ege –, – ede – wird zu ei: *maget – meit; getregede – getreide; redete – reite; sagete – seite.*

Verschmelzungen:

- *daz ich – deich; daz ist – deist; er ist – erst; ze ihte – zihte; mir es* (Genitiv) *– mirs; mir ez – mirz*.

Zur Wortkunde

Bedeutungswandel:

- Grundsätzlich muss für das Verständnis mhd. Texte der Bedeutungswandel berücksichtigt werden. Die Ähnlichkeit des Wortkörpers täuscht häufig ein unmittelbares Textverständnis vor.
- Beispiele: *arbeit* = Mühsal, Not; *frouwe* = Gebieterin, Herrin, edle Dame; *vröude* = Genugtuung, Fest; *êre* = Ansehen in der Gesellschaft.

Der Gebrauch der Vorsilbe ge-:

Die Vorsilbe ge- bedeutet Zusammenfassung, Verstärkung des Wortinhaltes, Vollständigkeit, dann oft Verallgemeinerung. Dabei ergeben sich im Mhd. einige Besonderheiten:

- Verallgemeinerung oder Verstärkung des Sinnes eines Verbs, wo im Nhd. kein ge- mehr steht: *er kan iu wol geraten* = dringend raten.
- Bezeichnung des Eintritts einer Handlung: *stân* = stehen, *gestân* = sich aufstellen, stehenbleiben; *swîgen* = schweigen, *geswîgen* = verstummen.
- Bezeichnung des Abschlusses einer Handlung: *vil kûme erbeite Sîvrit, daz man dâ gesanc* = mit dem Singen zu Ende kam.

Aus: Madsen, Rainer: Geschichte der deutschen Literatur in Beispielen. Paderborn: Schöningh 1999, S. 34f.

Martin Luther (1483–1546) Sendbrief vom Dolmetschen

Martin Luther (1483 in Eisleben geboren und dort 1546 gestorben) war Sohn eines Bergbaumeisters, der es zu Ansehen und Wohlstand gebracht hatte. Martin Luther besuchte die Lateinschule in Mansfeld, Magdeburg und Eisenach (eine rechte „Prügelschule", so Luther); ab 1501 nahm er das Studium an der Universität in Erfurt auf, legte 1505 das Magisterexamen ab und begann ein Jura-Studium. 1505 änderte Luther sein Leben, ausgelöst durch das bedrohliche Erlebnis eines Blitzschlags; er trat in das Kloster der Augustiner-Eremiten ein, wurde 1507 zum Priester geweiht, hielt ab 1508 in Wittenberg und Erfurt philosophische und theologische Vorlesungen und wurde nach seiner Romreise (1510/11) dann 1525 Doktor und Professor der Theologie in Wittenberg.

In den Jahren von 1512–1518 setzte sich Luther, geprägt von einem tiefen religiösen Erleben, intensiv mit den biblischen Schriften auseinander und gelangte zur theologischen Erkenntnis, dass der Mensch allein aus dem Glauben an die Gnade Gottes gerechtfertigt werde. 1517 begann Luther mit 95 Thesen den Kampf gegen Missstände in der Kirche und gegen den Papst. 1520/21 wurde er seiner Lehre wegen vom Papst gebannt und der Kaiser verhängte über ihn die Reichsacht. Kurfürst Friedrich von Sachsen entzog Luther dem kaiserlichen Zugriff und ließ ihn auf die Wartburg bringen. Dort begann er mit der Übersetzung des Neuen Testaments in die deutsche Sprache; denn für Luther war allein die Bibel Grundlage des christlichen Glaubens. 1522 erschien das Neue Testament, 1534 das Alte Testament. 1520 hatte Luther seine drei großen Reformationsschriften verfasst: *An den christlichen Adel deutscher Nation*, *Von der Freiheit eines Christenmenschen* und *Von der babylonischen Gefangenschaft der Kirche*.

Der Buchdruck ermöglichte die massenhafte Verbreitung von Luthers Werken und förderte so die Entwicklung der deutschen Sprache; allein seine Bibelübersetzung erschien bis zu seinem Tode in über 400 Auflagen. Luther stellte die deutsche Sprache gleichberechtigt *neben* Hebräisch, Griechisch und Latein und lehnte den Kanzleistil sowie jeden nachlässigen Sprachgebrauch ab. Im *Sendbrief vom Dolmetschen* (1530) legte er seine Prinzipien für das Übersetzen dar. Luther benutzte als Schriftsprache eine überregionale Literatursprache, die sich in den großflächigen ostmitteldeutschen Herrschaftsterritorien aus verschiedenen Dialekten entwickelt hatte.

Martin Luther (1483–1546): Sendbrief vom Dolmetschen (Auszug)

Luther antwortete in diesem Brief auf die Einwände seiner Gegner, die die Art seiner Bibelübersetzung kritisiert hatten.

[...] Ich hab mich des geflissen ym dolmetzschen/[1] das ich rein vnd klar teutsch geben möchte. Vnd ist vns wol offt begegnet/das wir viertzehen tage/drey/vier Wochen haben ein einiges wort gesucht vnd ge-
5 fragt/habens dennoch zu weilen nicht funden. Im Hiob erbeiten wir also/M. Philips/Aurogallus[2] vnd ich/das wir in vier tagen zu weilen kaum drey zeilen kundten fertigen. Lieber/nu es verdeutscht vn bereit ist/kans ein yeder lesen vnd meistern/Laufft einer
10 ytzt mit den augen durch drey vier bletter vnd stost nicht ein mal an/wird aber nicht gewar welche wacken vnd klötze da gelegen sind/da er ytzt vber hin gehet/wie vber ein gehoffelt bret/da wir haben müssen schwitzen vn vns engsten/ehe den wir solche wacken vnd klotze aus dem wege reümeten/auff das 15 man kundte so fein daher gehen [...]

[...] man mus nicht die buchstaben inn der lateinischen sprachen fragen/wie man sol Deutsch reden/[...] sondern/man mus die mutter jhm hause/die kinder auff der gassen/den gemeinen man auff dem marckt drumb 20 fragen/vn den selbigen auff das maul sehen/wie sie reden/vnd darnach dolmetzschen/so verstehen sie es den/vn mercken/das man Deutsch mit jn redet.

Als wenn Christus spricht/Ex abundantia cordis os loquitur. Wenn ich den Eseln soll folgen/die werden 25 mir die buchstaben furlegen/vnd also dolmetzschen/ Auß dem vberflus des hertzen redet der mund. Sage mir/Ist das deutsch geredt? Welcher deutscher verstehet solchs? Was is vberflus des hertzen fur ein ding? Das kan kein deutscher sagen/Er wolt denn sagen/es 30 sey das einer allzu ein gros hertz habe/oder zu vil hertzes habe/wie wol das auch noch nicht recht ist/ den vberflus des hertzen ist kein deutsch/so wenig/als das deutsch ist/Vberflus des hauses/vberflus des ka-

---

[1] Die/das Virgel, die Virgeln: Seit dem 16. Jahrhundert Schrägstriche als Gliederungszeichen für Wortgruppen und Satzteile; gegen Ende des 17. Jahrhunderts verdrängten die Kommata die Virgeln.
[2] M. Philips Aurogalius: Übersetzer vor Martin Luther

cheloffens/vberflus der banck/sondern also redet die mutter ym haus vnd der gemeine man/Wes das hertz vol ist/des gehet der mund vber/das heist gut deutsch geredt/des ich mich geflissen, vnd leider nicht all wege erreicht noch troffen habe/Den die lateinischen buchstaben hindern aus der massen seer gut deutsch zu reden [...]
Doch habe ich widerumb nicht allzu frey die buchstaben lassen faren/Sondern mit grossen sorgen sampt meinen gehülffen drauff gesehen/das wo etwa an einem ortgelegenn ist/hab ichs nach den buchstaben behalten/vnd bin nicht so frey davon gangen [...]
Ich habe ehe wöllen der deutschen sprache abbrechen/denn von dem wort weichen. Ah es ist dolmetzschen ja nicht eines iglichen kunst/[...]/Es gehöret dazu ein recht/frum/trew/vleissig/forchtsam/Christlich/geleret/erfarn/geübet hertz. (v. 1530)

Aus: Martin Luther: Werke. Kritische Gesamtausgabe. Bd. 30. Weimar 1909

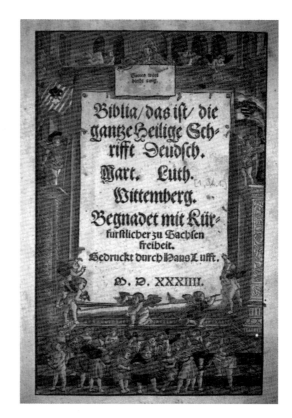

Bibelübersetzungen des 23. Psalms (Auszug)

a) Vulgata, Psalm 23

Dominus regit me, et nihil mihi
deerit: in loco pascuae
ibi me collocavit. Super aquam
refectionis educavit me,
animam meam convertit. Deduxit
me super semitas iustitiae,
propter nomen suum.
Nam et si ambulavero
in medio umbrae mortis,
non timebo mala,
quoniam tu mecum es. Virga tua et
baculus tuus, ipsa me consolata sunt.

(e 4. Jh. n. Chr.)

b) Vierte Bibel (Zainer)

Der herr regieret mich, und mir
gebrist nichts: und an der stat der
weyd da satzt er mich. Er hat mich
gefüeret auff dem wasser der widerbringung, er bekert mein sel. Er füeret
mich auß auf die steige der
gerechtigkeit, umb seinen namen.
Wann ob ich ja gee
in mitt des schatten des todes,
ich fürcht nit die übelen ding,
wann du bist bey mir. Dein ruot und
dein stab, die selb haben mich getröst.

(e 1475)

Martin Luthers Übersetzungen von 1523 und 1545

c) Ursprüngliche Handschrift

Der herr ist meyn hirtte, myr wirt
nichts mangeln. Er leßt mich weyden
ynn der wonung
des grases und neeret mich am was-
5 ser guter ruge. Er keret widder meyne
seele, er furet mich auff rechtem
pfad, umb seyns namens willen.
Und ob ich schon wandert im
finstern tal,
10 furcht ich kein ungluck,
denn du bist bey mir.
Deyn stecken und stab trosten mich.

(e 1523)

d) Spätere Fassung

Der HERR ist mein Hirte, mir wird
nichts mangeln. Er weidet mich
auff einer grünen Awen, und füret
mich zum frischen Wasser.
5 Er erquicket meine Seele, er
füret mich auff rechter Straße,
Umb seines Namens willen.
Und ob ich schon wandert
im finstern Tal,
10 fürchte ich kein Unglück,
Denn du bist bey mir,
Dein Stecken und Stab trösten mich.

(e 1545)

e) Zürcher Bibel

Der Herr ist mein Hirte, mir wird nichts mangeln.
Auf grünen Auen lässt er mich lagern,
zur Ruhstatt am Wasser führt er mich.
Er stillt mein Verlangen;
5 er leitet mich auf rechtem Pfade
um seines Namens willen.
Und ob ich schon wanderte im finstern Tal,
ich fürchte kein Unglück;
denn du bist bei mir,
10 dein Stecken und Stab, der tröstet mich.

(e 1954)

- *Fassen Sie Luthers Grundsätze für eine Übersetzungstätigkeit zusammen und überlegen Sie, inwieweit diese auch für einen heutigen Übersetzer noch Gültigkeit besitzen.*

- *Vergleichen Sie in einer Tabelle die Übersetzungen des 23. Psalms von 1475, 1523 und 1545 hinsichtlich ihrer Genauigkeit und ihres Stils und beurteilen Sie, inwiefern Luther seinen Prinzipien gerecht wird.*

Baustein 2
Althochdeutsche Literatur

Einführung

Das Althochdeutsche ist die älteste schriftlich überlieferte Form des Deutschen: Alt- im Gegensatz zum Mittel- und Neuhochdeutschen, hoch- als geografischer Terminus zur Unterscheidung vom Niederdeutschen (siehe Baustein 1.4, S. 17ff.). Chronologisch betrachtet bezeichnet der Begriff Althochdeutsch jene Schriftsprache, die von etwa **750–1050** in der Überlieferung auftaucht. Die Daten können allerdings allenfalls als Annäherungswerte verstanden werden, da Sprache einem kontinuierlichen Wandel unterliegt und eine genaue Datierung des Übergangs zum Mittelhochdeutschen daher nicht möglich ist. Grob lässt sich die deutsche Sprachentwicklung jedoch in vier Epochen einteilen:

750–1050	Althochdeutsch
1050–1350	Mittelhochdeutsch
1350–1650	Frühneuhochdeutsch
seit 1650	Neuhochdeutsch

Insgesamt dominiert in althochdeutscher Zeit aber im schriftlichen Bereich die lateinische Sprache. Die großen Klöster wie Reichenau, St. Gallen oder Fulda pflegten als Zentrum der Bildung die lateinische Sprache. Die Volkssprache tritt hierbei in der schriftlichen Überlieferung in den ältesten Handschriften zumeist im Dienst der Christianisierung des Volkes in Erscheinung, aber auch einige (heidnische) Zaubersprüche sowie das Hildebrandslied stammen aus dieser Zeit. Dass die Volkssprache überhaupt seit etwa 800 verstärkt in schriftlicher Form gebraucht wird, verdanken wir Karl dem Großen (768–814), der zum Zwecke der Christianisierung Übersetzungen religiöser Werke anregte, aber auch eine Sammlung fränkischer Heldenlieder anlegen ließ, die allerdings verloren ging.

Mit dem Zerfall des Karolingerreichs und dem Einsetzen der Überfälle der Normannen und Ungarn bricht die schriftliche Überlieferung des Althochdeutschen im 10. Jahrhundert fast vollständig ab und setzt erst an der Schwelle zum Mittelhochdeutschen im 11. Jahrhundert wieder ein. Folgende Textsorten lassen sich unterscheiden:

1. **Glossen**: Von der überlieferten Menge her sind die Glossen am bedeutendsten. Bei den Glossen handelt es sich um Übersetzungen einzelner Wörter, die in den lateinischen Text eingefügt werden. Man unterscheidet zwischen **Kontextglossen**, die in den lateinischen Text eingefügt werden, **Marginalglossen**, die an den Rand geschrieben wurden, sowie **Glossaren**, bei denen es sich um – teilweise nach Sachgebieten geordnete – Wörterbücher handelt.
2. **Übersetzungsliteratur**: Eine Zwischenstellung zwischen Übersetzung und Glosse nehmen die **Interlinearglossen** ein. Darunter versteht man Übersetzungen, die zum Teil als Wort-für-Wort-Übersetzungen zwischen die Zeilen des lateinischen Textes geschrieben wurden. Darüber hinaus finden sich auch freiere Übersetzungen sowie Umdichtungen.
3. **Dichtung**: Zu diesen Texten zählen zum einen wiederum die christlichen Werke, wie etwa eine gereimte Fassung der Evangelien durch den Weißenburger Mönch Otfried von Weißenburg, aber auch ein in Stabreimen verfasstes germanisches Heldenlied (Hildebrandslied) sowie diverse Zaubersprüche (z. B. Merseburger Zaubersprüche).

Die Beschäftigung mit althochdeutscher Literatur im Deutschunterricht stellt eine anspruchsvolle Aufgabe dar. Es wird vermutlich kaum möglich sein, die ausgewählten Texte ohne Übersetzung im Unterricht zu behandeln. Dennoch wäre eine bloße Beschäftigung mit der neuhochdeutschen Übersetzung nicht angemessen und wenig sinnvoll, da die Eigenart dieser Dichtungen in inhaltlicher und vor allem formaler Hinsicht (Stabreim) ohne die Kenntnis der Originalform nicht vermittelbar ist. Es wird daher im Folgenden davon ausgegangen, dass zumindest teilweise mit dem Originaltext gearbeitet wird und dieser den Schülern vorliegt. Die Teile dieses Bausteins können – je nach zur Verfügung stehender Zeit – nacheinander oder einzeln verwendet werden. Da kaum davon auszugehen ist, dass die Schüler in der Lage sind, die Epoche oder gar den im Hildebrandslied behandelten Stoff historisch einzuordnen, bietet 2.1 ein Arbeitsblatt (**Arbeitsblatt 7**, S. 43f.) mit den wesentlichen Informationen zur Literaturgeschichte des Althochdeutschen. Dieses kann zur Einführung oder zum Abschluss der Reihe eingesetzt werden. Auf eine genauere Einführung in die politische und Gesellschaftsgeschichte kann in diesem Baustein verzichtet werden, da die aufgenommenen Texte rein stoffgeschichtlich dies nicht erforderlich machen bzw. stoffgeschichtlich sogar einer anderen Epoche zuzuordnen sind. Sollte dem Lehrenden dennoch eine Kenntnis der historischen Zusammenhänge des Frühmittelalters nötig erscheinen, so kann zur Vertiefung ein Arbeitsblatt über die Epoche des Frühmittelalters (**Zusatzmaterial 1**, S. 109ff.) ausgegeben werden.

2.1 Deutsche Literatur im frühen Mittelalter

Der Text (**Arbeitsblatt 7**, S. 43f.) dient dazu, den Schülern in knapper Form einen Überblick über die Entwicklung der deutschen Sprache zu geben, und soll in Partnerarbeit von den Schülern unter folgender Fragestellung bearbeitet werden:

- *Erläutern Sie, unter welchen Bedingungen eine deutsche Schriftsprache entstand und in welchen Formen sie sich ausprägte.*
- *Suchen Sie nach Gründen für die lange Vorherrschaft des Lateinischen.*

Die Ergebnisse können anschließend in folgendem Tafelbild zusammengefasst werden.

Die Gründe für die auch weiterhin bestehende Dominanz des Lateinischen werden teilweise im Text genannt, können aber auch von den Schülern selbst erschlossen werden. Wichtigster Grund ist sicherlich, dass das Lateinische auch weiterhin die maßgebliche Sprache in der Kirche blieb: Übertragungen des Evangeliums in andere, „barbarische" Sprachen waren zwar statthaft, doch blieb der lateinische „Originaltext" (die Kenntnis des Griechischen ist im Mittelalter im Westen nur wenig verbreitet) maßgeblich, sowohl in theologischer als auch in liturgischer Hinsicht. Bildung zu erwerben hieß also, zunächst einmal Latein zu erlernen, zumal auch die Kanzleien sich für Urkunden u. Ä. weiterhin allein des Lateinischen bedienten.
Hinzu kommt aber auch, dass es sich bei den Volkssprachen um Dialekte handelte, die nur regional verständlich waren. Betrachtet man einen altsächsischen Text (etwa den „Heliand") und vergleicht ihn mit einem althochdeutschen, so kann man sich kaum vorstellen, dass eine Verständigung unter den Bevölkerungsgruppen problemlos möglich gewesen ist. Vor ganz andere Probleme sah man sich gestellt, wenn man den ostfränkischen, deutschsprachigen Bereich verließ und den westfränkischen, romanisierten Bereich betrat. Hier konnte das Latein noch als Verkehrssprache zumindest unter den Gebildeten dienen. Vor allem für den schriftlichen Austausch innerhalb der Kirche und der Königshöfe untereinander blieb Latein daher unverzichtbar.

Um den Schülern abschließend einen kleinen Einblick in die im Text erwähnten Schwierigkeiten zu geben, die die Übertragung des Althochdeutschen ins Schriftliche mit sich brachte, kann ein kleines „Experiment" hilfreich sein. Schülern ist das Problem der Verschriftlichung meist nämlich nicht klar, da sich viele auf die oft gehörte Eselsbrücke „Man schreibt es so, wie man es spricht!" berufen. Dass dies aber nur deshalb funktioniert, weil das Regelwerk zuvor bereits erlernt wurde, ist den meisten nicht klar. Um dieses Problem zu verdeutlichen, soll einem Schüler, der eine Sprache spricht, die zumindest den meisten Kursteilnehmern nicht bekannt ist (Französisch, Spanisch, Italienisch, Russisch o. Ä.) folgende Aufgabe gestellt werden.

> ■ *Sprechen Sie einen kurzen Text auf Spanisch (o. Ä.) so langsam und deutlich, dass die übrigen Kursteilnehmer in der Lage sind, diesen mitzuschreiben. Lassen Sie deutliche Pausen zwischen den Wortgrenzen, aber geben Sie ansonsten keine Hinweise auf die richtige Schreibweise.*

Anschließend sollen die sich vermutlich erheblich unterscheidenden Ergebnisse kurz verglichen werden. Spätestens jetzt sollte den Schülern klar geworden sein, dass die Laut-Buchstabenzuordnung *arbiträr* ist, sodass ein Autor, der in althochdeutscher Sprache schreiben wollte, zunächst einmal vor der Frage stand, wie er die deutschen Laute den lateinischen Buchstaben zuordnen sollte. Zudem musste seine Lösung so plausibel sein, dass sie auch den Lesern seiner Schrift noch einleuchtete, sodass sie diese überhaupt verstehen konnten. Bei vielen lateinischen Buchstaben ist dies zugegebenermaßen relativ problemlos möglich, doch blieben Zweifelsfälle wie der im Text genannte ch-Laut. Als wie groß diese Schwierigkeiten von den Autoren empfunden wurden, mag das Beispiel des anonymen Autors des Georgsliedes zeigen: Nachdem er die Legende des Hl. Georg mehr schlecht als recht in einer gedichteten lateinischen und einer orthografisch vertrackten althochdeutschen Form zu Papier gebracht hatte, schrieb er auf Lateinisch als Stoßseufzer ein „Ich kann nicht mehr!" an den Rand des althochdeutschen Textes. Allein die Tatsache, dass der Autor eine zusätzliche lateinische Dichtung beifügte, zeigt hier, dass er offenbar nicht sicher war, ob der deutsche Text erhalten bleiben würde und ob er verständlich war.

2.2 Das Hildebrandslied

Überlieferung und Stoffgeschichte

Germanische Heldendichtung ist in der Frühzeit der schriftlichen Überlieferung fast nie aufgezeichnet worden, das Hildebrandslied steht somit neben Werken wie dem englischen Beowulf fast einzigartig da.

Überliefert ist es in insgesamt 68 zum Teil unvollständigen stabreimenden Versen, die vermutlich in der ersten Hälfte des 9. Jahrhunderts von zwei Schreibern des Klosters Fulda auf den Außenseiten eines lateinischen Codex eingetragen wurden. Der Schluss der Dichtung fehlt, doch stand er vermutlich auf dem verlorenen Spiegel des hinteren Deckels.

Der Stoff des Hildebrandsliedes ist jedoch sehr viel älter als die schriftliche Form. Die Dichtung setzt die Gestalt des ostgotischen Königs Theoderichs des Großen (Dietrich) als bekannt voraus, dem Hildebrand als getreuer Begleiter zugeordnet ist. Der historische Theoderich fiel im Jahre 489 mit Billigung des oströmischen Kaisers Zeno, der auf diese Weise vermutlich einen unbequem gewordenen Bundesgenossen loswerden wollte, in Italien ein und besiegte den germanischen Herrscher Odoaker, der 476 den letzten weströmischen Kaiser abgesetzt hatte, in zwei Schlachten (Görz, Verona). Nach einer mehr als zweieinhalbjährigen Belagerung Ravennas einigten sich die Rivalen schließlich auf eine gemeinsame Herrschaft über Italien, doch bereits kurze Zeit nach Vertragsschluss brach Theoderich dieses Abkommen, indem er Odoaker eigenhändig ermordete und die alleinige Herrschaft an sich riss.

Die für Theoderich wenig schmeichelhafte Wahrheit wurde vermutlich bereits zu seinen Lebzeiten dahingehend verklärt, dass Theoderichs Mord zu Notwehr verdreht wurde, indem man behauptete, Theoderich sei nur einem Mordanschlag Odoakers zuvorgekommen.

Dieses Motiv wurde offenbar von der Heldendichtung aufgenommen und erweitert. Nach dieser Überlieferung musste Theoderich, dessen Name im Mittelalter zu Dietrich wird, vor seinem Rivalen Odoaker an den Hof des Hunnenkönigs Etzel (Attila, gest. 453!) fliehen, wobei er von seinen Getreuen, unter anderem Hildebrand, begleitet wird. Nach dreißigjährigem Exil kehrt er mit Unterstützung des hunnischen Königs zurück, um sein Reich zurückzuerobern. Er besiegt Odoaker bei Verona, das im Mittelalter zu Bern verballhornt wird, und bei Ravenna („Rabenschlacht").

Inhaltsangabe

Das Hildebrandslied setzt die Kenntnis dieser Sage voraus und beschäftigt sich nur mit einer Episode aus ihr. Es handelt sich in jedem Falle um ein eigenständiges Werk, das heißt, dass es nicht nur ein Kapitel aus einem längeren Epos, etwa vergleichbar dem Nibelungenlied, gewesen ist.

Der Text setzt unvermittelt mit der epischen Formel „Ik gihorta dat seggen" ein. Es folgt die Feststellung des epischen Erzählers, dass Hildebrand und Hadubrand sich zwischen ihren Heeren zum Kampf bereit machen. Hildebrand, der an der Spitze der Truppen Theoderichs gerade nach Italien zurückgekehrt ist, erkennt in einem Gespräch in dem Krieger, der ihm gegenübertritt, seinen eigenen Sohn, den er zusammen mit seiner Frau vor dreißig Jahren in seiner Heimat zurücklassen musste. Sein Sohn bleibt jedoch misstrauisch und vermutet eine Kriegslist des Alten, den er verdächtigt, ihn in eine Falle locken zu wollen, um ihn dann hinterrücks zu ermorden. Er schlägt daher das von Hildebrand angebotene Geschenk brüsk aus und beleidigt ihn, sodass Hildebrand, in seiner Kriegerehre verletzt, nichts anderes übrig bleibt, als sich zum Kampf bereit zu machen. Hildebrand beklagt sein Schicksal und der Kampf beginnt.

An dieser Stelle bricht die Aufzeichnung ab. Aus einer altnordischen Saga ist jedoch bekannt, dass Hildebrand seinen Sohn offenbar im Kampf tötet.

Aufbau und Form

Das Lied ist klar gegliedert in Redeteile und Handlungsteile, wobei die Handlungsteile stark zurücktreten. Zwischen der knappen Rahmenhandlung (V. 1–6) und dem Beginn des Kampfes (V. 63ff.) tritt der epische Erzähler mit Ausnahme der Schilderung der Geste des gereichten Armreifs (V. 33–35) völlig hinter die Figuren zurück, die ihre Standpunkte in Rede und Gegenrede austauschen. Selbst die Vorgeschichte Hildebrands begegnet dem Leser nur in der Spiegelung der Erzählung des Sohnes, für den der Vater längst zu einer Legende geworden ist.

Verfasst ist das Hildebrandslied in der germanischen Stabreimform: Stabreimgedichte sind aus Langzeilen zusammengesetzt, die jeweils aus durch eine Zäsur getrennten Teilen, dem An- und dem Abvers, bestehen. Unter dem Stabreim (Alliteration) versteht man den Gleichklang der Anlaute von Hebungssilben. Alliterieren können hierbei jeweils gleiche Konsonanten und beliebige Vokale. Jeder der beiden Halbverse hat zwei Haupthebungen (Ikten), sodass es maximal vier Stabreime (Stäbe) geben kann. In der Regel finden sich jedoch nur drei, manchmal auch nur zwei Stäbe, wobei der Stab des Abverses immer auf dem ersten Iktus liegt. Die Zahl der Silben zwischen den Hebungen ist variabel, hier besteht Füllungsfreiheit. Jede Langzeile wird hierbei in vier Vierviertelaktte aufgeteilt, z. B.:

Hadubrant gimahalta **H**iltibrantes sunu (V. 36)

|x́ x ─| |x́ x x́ x| |x́ x x́ x| |x́ x ∩ ∩| x = Stäbe

Hinweise für den Einsatz im Unterricht

Es wird empfohlen, den Schülern nicht sofort die neuhochdeutsche Übersetzung des Textes zugänglich zu machen, sondern sie zunächst mit der althochdeutschen Fassung zu konfrontieren. Da aber eine Lektüre in Stillarbeit bei Schülern erfahrungsgemäß nur den Eindruck völliger Unverständlichkeit hervorruft, empfiehlt es sich, zumindest den Anfang des Textes vorzulesen, da in der gesprochenen Form Ähnlichkeiten zur neuhochdeutschen Form deutlicher werden und der Text den Schülern vielleicht überhaupt erst als Deutsch erkennbar wird. Unter folgender Adresse besteht zudem die Möglichkeit, sich das Hildebrandslied als Audiodatei anzuhören: http://www.ib.hu-berlin.de/~hab/arnd/ (2006)

Im Folgenden erhalten die Schüler dann zunächst den Auftrag, eine Übersetzung der ersten zehn Verse des Hildebrandslieds anzufertigen. Daher sollte den Schülern zunächst nur der althochdeutsche Text ausgehändigt werden.

■ *Übersetzen Sie mithilfe der Angaben die ersten zehn Verse des Hildebrandsliedes in ein angemessenes Deutsch.*

Anschließend kann auf die neuhochdeutsche Übersetzung zurückgegriffen werden. Nachdem der Text in Stillarbeit gelesen und das erste Verständnis geklärt wurden, erhalten die Schüler folgenden Arbeitsauftrag:

■ *Skizzieren Sie den Handlungsablauf des Hildebrandsliedes und gliedern Sie es in Sinnabschnitte.*

■ *Beschreiben Sie Hadubrands Vaterbild und erläutern Sie, inwiefern der Kampf für die Beteiligten unausweichlich ist.*

■ *Das Hildebrandslied wurde in einem Kloster niedergeschrieben. Untersuchen Sie den Text auf Hinweise, dass der Verfasser zwar christlich geprägt war, aber dennoch an heidnischen Schicksalsvorstellungen festhielt.*

Es sollte im Unterrichtsgespräch neben der bereits skizzierten Gliederung, die eventuell kleinschrittiger ausfallen kann, indem sie den genauen Gesprächsverlauf zwischen Hildebrand und Hadubrand erarbeitet (V. 6–13, 14–17, 18–29, 30–35, 36–44, 45–62), vor allem herausgestellt werden, dass Hadubrand im Grunde keinen Konflikt erlebt, da er die Wahrheit nicht als solche erkennt und Hildebrand für einen Betrüger hält: Den Vater kennt er nur noch aus Erzählungen, wobei sein Bild durchaus zwiespältig bleibt: Einerseits scheint in V. 20ff. ein deutlicher Vorwurf anzuklingen, der Vater habe Frau und Kind verlassen, andererseits ist die Hervorhebung der Tapferkeit des Vaters voller Bewunderung (V. 25ff.). Der sich hier allerdings auch andeutenden Maßlosigkeit des Vaters in seinem Kampfesmut entspricht die Maßlosigkeit des Sohnes in seinem Misstrauen und seiner verletzenden Art dem Vater gegenüber. Hildebrand bleibt nach der Ablehnung seines Geschenks durch Hadubrand gar nichts anderes übrig, als den Kampf anzunehmen, will er nicht seine Ehre und seine Stellung in der Gesellschaft verlieren. Die Tatsache, dass er diesen Kampf annimmt, zeigt, dass er seine Ehre als höchstes Gut betrachtet und noch über die Familienbande stellt. Dass er diese gesellschaftlichen Voraussetzungen aber so selbstverständlich akzeptiert, lässt den Konflikt für Hildebrand tragisch werden. Dementsprechend bleibt auch die Anrufung des christlichen Gottes „waltant got" (V. 49) oberflächlich und folgenlos, da *wewurt*, das unbarmherzig waltende Schicksal, dem Menschen letztlich die Entscheidung abnimmt.

Die Ergebnisse können anschließend in folgendem Tafelbild festgehalten werden.

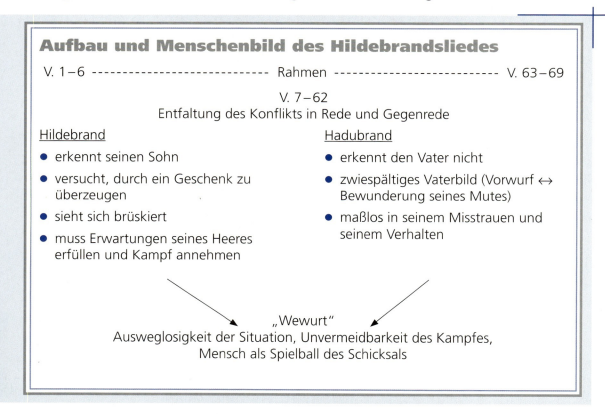

Im Folgenden soll nun die formale und sprachliche Gestaltung des Hildebrandsliedes untersucht werden.

 Informieren Sie sich in einem Ihnen zugänglichen Nachschlagewerk über den Stabreim und analysieren Sie die rhythmische Gestaltung des Stabreimverses anhand selbst gewählter Beispiele.

 Die Sprache des Hildebrandsliedes ist eine Mischung aus langobardischen, hochdeutschen und niederdeutschen Elementen. Hochdeutsch sind etwa Wendungen

wie her, prut, chint *(oberdeutsch!). Niederdeutsch sind Worte wie* ik *oder* seggen. *Eigennamen mit dem Bildungsglied* -brand *gelten hingegen als spezifisch gotisch bzw. langobardisch. Erklären Sie diese Besonderheiten, indem Sie die Überlieferungsgeschichte des Liedes anhand einer Karte zur deutschen Dialektgeografie verfolgen.*

Alternativ kann der Aufbau des Stabreims auch mithilfe folgenden kurzen Textes erarbeitet werden, der den Schülern als Kopie oder auf Folie zur Verfügung gestellt werden kann:

Der Stabreim

Diese Versart ist nicht nur für die althochdeutsche, sondern auch für die altenglische, altsächsische und altnordische Dichtung charakteristisch; im ahd. Bereich wurde sie wohl schon im Verlauf des 9. Jahrhunderts durch endgereimte Verse abgelöst. Stabreimgedichte sind aus Langzeilen zusammengesetzt, die sich in jeweils durch eine Zäsur getrennte
5 Hälften, den An- und den Abvers, gliedern. Unter Stabreim (auch Alliteration) wird der Gleichklang der Anlaute von Hebungssilben verstanden. Alliterieren können jeweils gleiche Konsonanten oder beliebige Vokale. Jeder der beiden Halbverse hat zwei Haupthebungen (Ikten), sodass es maximal vier Stabreime (Stäbe) pro Zeile geben kann; in der Regel sind freilich nur drei vorhanden (im Abvers immer auf der ersten Hebung), die Mindestzahl
10 sind zwei Stäbe, in jeder Vershälfte einer. Die Zahl der Silben zwischen den Haupthebungen ist variabel, es herrscht weitgehende Füllungsfreiheit.
In den folgenden Beispielen aus dem Hildebrandslied sind die Stäbe unterstrichen, die Ikten durch Akzent hervorgehoben; V. 40 ist ein Beispiel für gekreuzten doppelpaarigen Stabreim (sp/w   sp/w).
15 Híltibrant enti Hádubrant   untar hériun túem (V. 3)
fórn her óstar giweit,   floh her Otachres níd (V. 18)
spénis mih mit dinem wórtun,   wili mih dinu spéru wérpan (V. 40)

Aus: H. Brunner: Geschichte der deutschen Literatur des Mittelalters im Überblick. Stuttgart: Reclam, 2. Aufl. 2003, S. 54

Bei der Untersuchung zur Dialektgeografie kann auf **Arbeitsblatt 4** (S. 27) zurückgegriffen werden. Es sollte sich schnell ergeben, dass die Dialektmischung auf die Überlieferungsgeschichte zurückzuführen ist: Die langobardischen Elemente lassen darauf schließen, dass es sich ursprünglich um eine gotische bzw. langobardische Sage handelte, die dann über die Alpen tradiert wurde, wobei jeder Sprachraum, den sie durchquerte, offenbar Spuren hinterließ. Dieses Ergebnis lässt sich in folgendem Tafelbild sichern. Eventuell könnte die Stoffgeschichte und der historische Kontext auch Thema einer Facharbeit oder eines Referats werden.

Die Tradierung des Hildebrandsliedes

got. – langobardischer Ursprung (5./6. Jh.)
↓
Tradierung in den oberdt. Raum („chind")
↓
Weiterverbreitung im hochdt. Raum („her")
↓
Niederschrift in Fulda um 750 (niederdt. Raum, „ik")

Zum Abschluss der Beschäftigung mit dem Hildebrandslied soll das Problem des fehlenden Schlusses behandelt werden. Hierzu kann den Schülern der Schluss des jüngeren Hildebrandsliedes, das aus dem 14. Jahrhundert stammt, vorgelegt bzw. vorgelesen werden (**Zusatzmaterial 2**, S. 112), verbunden mit folgender Fragestellung:

- *Der Schluss des althochdeutschen Hildebrandsliedes fehlt. Für wie wahrscheinlich halten Sie es, dass dieser dem Schluss des jüngeren Hildebrandsliedes entspricht?*

Der Text bietet deutliche Hinweise darauf, dass er als Schluss des älteren Hildebrandsliedes nicht in Frage kommt: So wäre es ziemlich unerklärlich, wenn auf einmal die Behauptung der Vaterschaft Hildebrands bei Hadubrand auf offene Ohren gestoßen wäre, nachdem er vorher eine List vermutet hatte. Die Unterschiede zwischen den beiden Texten liegen vermutlich historisch begründet: Offenbar verstanden die Menschen den letztlich germanischen und heidnischen Fatalismus nicht mehr, da sie ihn als zu bedrückend empfanden. Demgegenüber bietet der Text starke Hinweise auf ein tragisches Ende, insbesondere Hildebrands Anrufung des Schicksals und seine resignierende Haltung (z. B. V. 49f.). Dies kann anschließend von den Schülern textanalytisch bzw. produktionsorientiert erarbeitet werden.

- *Verfassen Sie in erzählender Form einen Ihnen geeignet erscheinenden Schluss für das Hildebrandslied und begründen Sie anschließend Ihre Entscheidung für ein bestimmtes Ende.*

Aus den oben genannten Gründen erscheint eine tragische Lösung in jedem Falle als die wahrscheinlichere, wobei jedoch offen bleibt, ob Hildebrand oder Hadubrand den Kampf gewinnt. Ein Sieg Hildebrands ist jedoch aus rein dramatischen Erwägungen vorzuziehen, da dieser mit seinem Sohn zugleich seine eigene Zukunft tötet. Es sollten aber alle gut begründeten Lösungen zugelassen werden.

2.3 Kleinere althochdeutsche Textdenkmäler

Einführung

Zu den häufigen althochdeutschen Textdenkmälern, die überliefert sind, gehören eine Reihe offensichtlich heidnischer Zaubersprüche sowie einige jüngere, oberflächlich christianisierte Beschwörungsformeln, die „rücksichtsvoll" (Max Wehrli) meist Segensformeln genannt werden (z. B. Lorscher Bienensegen). Dies mag angesichts der klösterlichen Herkunft der meisten Schreiber zunächst verwundern, doch zeigt sich hier, dass Magie auch nach der Christianisierung einen hohen Stellenwert im Leben der Menschen besaß. Bevor Chemie und Medizin wirksame Medikamente zur Heilung von Krankheiten zur Verfügung stellen konnten, spielten Beschwörungen der für die von den Menschen für ihre Krankheiten verantwortlich gemachten dämonischen Mächte bei der Heilung eine zentrale Rolle, die wegen der suggestiven Wirkung auf den Kranken teilweise sogar von Erfolg gekrönt gewesen sein mögen.
Offiziell wurde in der theologischen Literatur immer wieder vor derartigen Praktiken gewarnt, doch ließen sich diese wegen ihrer oben erläuterten Alternativlosigkeit nie ganz ausrotten, zumal die Magie in Gestalt des christlichen Wunderglaubens scheinbar eine Rechtfertigung fand, indem magische Praktiken durch die Ersetzung der heidnischen Götter durch Heilige oder Jesus in christlichem Gewand überlebten.

Baustein 2: Althochdeutsche Literatur

Das bekannteste Beispiel für einen magischen Spruch sind die nach ihrem Fund- und Aufbewahrungsort benannten Merseburger Zaubersprüche, die in der uns überlieferten Form aus dem 10. Jahrhundert stammen, aber in ihrer sprachlichen Form offensichtlich viel älter sind, was im Übrigen für Zaubersprüche durchaus typisch ist, da bei ihnen der genaue Wortlaut wegen der ihm innewohnenden magischen Wirkung von großer Wichtigkeit ist. Die beiden offensichtlich heidnischen Zaubersprüche wurden von Mönchen auf das Vorsatzblatt eines aus dem 9. Jahrhundert stammendes Sakramentars geschrieben, während sich auf der Rückseite desselben Blattes das *Gloria* findet. Diese Verbindung eines kirchlichen Textes mit einer heidnischen Beschwörungsformel ist bemerkenswert.

Charakteristisch ist für die meisten Zaubersprüche die zweiteilige Form: Einem epischen Bericht, der eine vorbildhafte Situation schildert, folgt die Beschwörungsformel. Bei beiden spielt die magische, auch in christlichem Sinne interpretierbare Dreizahl eine herausragende Rolle. In formaler Hinsicht verwenden die frühesten Zaubersprüche, zu denen etwa die Merseburger Zaubersprüche gehören, den germanischen Stabreim. Spätere, oft stärker christlich geprägte Beschwörungen verwenden entweder eine Mischform zwischen Stab- und Endreim oder nur noch den Endreim.

Die Zaubersprüche können sowohl als Ergänzung zur Beschäftigung mit dem Hildebrandslied als auch zur Gewinnung eines knappen Einblicks in die Besonderheiten althochdeutscher Dichtung im Unterricht eingesetzt werden. Aus der Vielzahl an Zauberformeln und Beschwörungen wurden hier zwei Zaubersprüche ausgewählt, die besonders geeignet erscheinen, den typischen Aufbau und die Entwicklung magischer Formeln zu verdeutlichen, nämlich der **Zweite Merseburger Zauberspruch** und der **Bamberger Blutsegen** (**Arbeitsblatt 9, S. 48**).

Wegen der Kürze des Textes erscheint es durchaus möglich, zumindest den Zweiten Merseburger Zauberspruch mithilfe der Wortangaben von den Schülern übersetzen zu lassen. Gleiches gilt natürlich auch für den Bamberger Blutsegen, zumindest für dessen deutsche Teile, die mit wenigen Hilfen leicht erschließbar sind.

- *Fertigen Sie für einen der beiden Zaubersprüche eine Übersetzung in angemessenem Neuhochdeutsch an.*
- *Welchem Zweck sollen die Zaubersprüche jeweils dienen?*
- *Beschreiben Sie den Aufbau und die sprachliche Gestaltung der beiden Zaubersprüche. Inwiefern könnte Ihrer Meinung die Form zur magischen Wirkung beitragen?*

Bei schwächeren Lerngruppen oder falls das Hildebrandslied nicht zuvor im Unterricht besprochen wurde, kann es empfehlenswert sein, einige zusätzliche Hinweise zur Interpretation zu geben. Dies gilt insbesondere für die Kenntnis der Stabreimform, die für die formale Beschreibung des Zweiten Merseburger Zauberspruchs unabdingbar ist. Hilfreich kann ferner der Hinweis sein, dass die meisten Zaubersprüche Analogiezauber sind: Das, was früher in einer ähnlichen Situation Erfolg hatte, soll jetzt wieder wirksam werden. Die Ergebnisse können anschließend in folgendem Tafelbild gesichert werden.

Baustein 2: Althochdeutsche Literatur

Zwei althochdeutsche Zaubersprüche

Zweiter Merseburger Zauberspruch (10. Jh.)

1. mythologische Einleitung (Z. 5–9)
2. magische Formel (Z. 10–13)

magische Wirkung durch:
- Stabreim
- Dreizahl (drei Versuche, Dreischritt in Wotans Beschwörung)

Bamberger Blutsegen (13. Jh.)

1. mythologische Einleitung (Z. 1–5)
2. magische und christl. Formeln, abwechselnd deut. und lat. (Z. 6–14)

magische Wirkung durch:
- Endreim
- Dreizahl (dreifaches Wunder, drei x drei Vaterunser, Anrufung der Dreifaltigkeit)

→ Festhalten an der Magie und magischen Praktiken bei gleichzeitiger allmählicher christlicher Überformung

Notizen

Deutsche Literatur im frühen Mittelalter (750–1050)

Mittelalterliche Buchmalerei

Nach dem Untergang des Weströmischen Reiches (476 n. Chr.) übernahm der germanische Stamm der Franken das politische und kulturelle Erbe des Römischen Reiches im Westen. Allerdings bricht in der bäuerlich-militärisch geprägten fränkischen Gesellschaft die schriftliche Überlieferung im Frühmittelalter zunächst fast völlig ab, sodass man von einem weitgehenden Ende der römischen Bildung und Kultur in Mittel- und Westeuropa sprechen muss. Allein die Klöster und Bischofssitze widmen sich als Bewahrer der römischen Kultur der Bildung. Mit dem Aufstieg des fränkischen Adelsgeschlechts der Karolinger im 8. Jahrhundert ändert sich die Lage wieder. Insbesondere Karl der Große (768–814) förderte ausdrücklich die christliche Bildung, indem er zum Beispiel Übersetzungen christlicher Werke in Auftrag gab, um die Missionierung der germanischen Bevölkerung zu erleichtern, die das Lateinische nicht verstand. Hierdurch tritt im 8. Jahrhundert auch zum ersten Mal das Deutsche als Schriftsprache auf, wenngleich das Lateinische sowohl in der Kirche als auch in der Verwaltung der königlichen und kaiserlichen Kanzleien die meistverwendete Sprache blieb. Auch wesentliche Teile des Gottesdienstes wurden selbstverständlich weiter auf Latein abgehalten.

Diese damalige Form wird als **Althochdeutsch** bezeichnet. Alt- im Gegensatz zum Mittel- und Neuhochdeutschen, hoch- zur geografischen Abgrenzung vom Niederdeutschen. Das Althochdeutsche ist also ein Dialekt, der in der Zeit von etwa **750 bis 1050** in Süddeutschland gesprochen wurde, das **Altniederdeutsche** wird etwa zur gleichen Zeit in Norddeutschland verwendet. Die vorangegangenen verschiedenen germanischen Dialekte sind für uns nicht fassbar, da – mit Ausnahme weniger Runeninschriften und einer Bibelübersetzung ins **Gotische** – keine sprachlichen Zeugnisse überliefert sind. Das Althochdeutsche stellt neben dem allerdings spärlicher überlieferten Altniederdeutschen für uns somit die früheste für uns greifbare Form des Deutschen dar.

Da die schriftliche Kultur fast ausschließlich in den Klöstern und kirchlichen Bildungseinrichtungen weiterlebte, sind auch der größte Teil der uns überlieferten althochdeutschen Literatur religiöser Natur. Zum einen finden sich in zahlreichen aus dieser Zeit stammenden Handschriften sogenannte **Glossen (Wortübersetzungen)**. Es handelt sich hierbei um einzelne Worte oder sogar ganze Textabschnitte, die als Übersetzungs- oder Verständnishilfe in den lateinischen Text eingefügt oder an den Rand geschrieben wurden. Zum Teil wurden sogar ganze Wortlisten angelegt, die kleinen Wörterbüchern ähneln. Dies hängt damit zusammen, dass die Muttersprache der fränkischen nicht Latein, sondern eben Althochdeutsch war, sodass die lateinische Sprache (mühsam) erlernt werden musste.

Darüber hinaus finden sich natürlich auch eine ganze Reihe literarisch ambitionierter **Übersetzungen** bzw. **freierer Übertragungen und teilweise auch Neuschöpfungen christlicher Werke**, unter denen die Evangelienharmonie (Zusammenfügung der vier Evangelien zu einem einheitlichen Bericht) des Weißenburger Mönchs Otfried die bedeutendste ist, da sie zum ersten Mal den Endreim verwendete, während die ältere germanische Literatur sich des Stabreims bediente.

Neben der kirchlichen muss es aber auch eine breite weltliche Dichtung in der Volkssprache gegeben haben. Allerdings wurde diese vor allem mündlich tradiert und schaffte nur selten den Sprung in die schriftliche Form, da das Schreibmaterial (Pergament) so kostbar war, dass diese Literatur nur selten der Niederschrift für wert befunden wurde. Herausragendes Zeugnis hierfür ist etwa das **Hildebrandslied**, das von zwei Fuldaer Mönchen auf die Außenseiten einer lateinischen Handschrift geschrieben wurde, allerdings nur zum Teil erhalten geblieben ist.

Darüber hinaus stellte die Verschriftlichung einer bislang nur mündlich verwendeten Sprache die Mönche zum Teil vor erhebliche Probleme, da ein Teil der im Deutschen vorkommenden Laute, zum Beispiel das -ch, im Lateinischen keine Entsprechung hat, sodass eine passende Buchstabenkombination erst gesucht werden musste.

Auch der Wortschatz musste erweitert werden, da es oft keine Bezeichnungen für die religiösen Aussagen des Christentums gab. Hierfür gab es verschiedene Möglichkeiten:

b) Lehnwort: Das fremde Wort wird soweit angepasst, dass seine Herkunft nicht mehr ohne Weiteres zu erkennen ist.

abbas	–	Abt
claustrum	–	Kloster
magister	–	Meister
monasterium	–	Münster
scribere	–	schreiben

c) Lehnübersetzung: Nachahmung fremder Wörter mit den Mitteln der eigenen Sprache:

bene-ficium	–	Wohl-tat
con-scientia	–	Ge-wissen
com-passio	–	Mit-leid

d) Lehnbedeutung: Eigenes Wort erfährt einen Bedeutungswandel:

ahd.	urspr. Bed.	neue Bed.
riuwa	➔ Schmerz	➔ Reue
bijht	➔ Geständnis	➔ Beichte

Trotz dieser Bemühungen um die deutsche Sprache blieb die Zahl der in deutscher Sprache abgefassten Werke insgesamt gering, zumal mit dem Aussterben der Karolinger und dem Zerfall ihres Reiches in einen westfränkischen Teil, in dem Altfranzösisch gesprochen wurde, und einen ostfränkischen Teil, in dem das Althochdeutsche sich als Volkssprache durchsetzte, die schriftliche Überlieferung in deutscher Sprache im 9. Jahrhundert fast völlig abbricht und erst zu Beginn des 10. Jahrhunderts wieder einsetzt.

1. Erläutern Sie, unter welchen Bedingungen eine deutsche Schriftsprache entstand und in welchen Formen sie sich ausprägte.

2. Suchen Sie nach Gründen für die lange Vorherrschaft des Lateinischen.

Das Hildebrandslied

Das Hildebrandslied ist eine ursprünglich langobardische Dichtung aus dem 7. Jahrhundert, die nach Bayern gelangte und dort Ende des 8. Jahrhunderts umgedichtet wurde. Zu Beginn des 9. Jahrhunderts wurde es in Fulda für das niederdeutsche Missionsgebiet entsprechend sprachlich eingefärbt. Dieses Lied schrieben zwei Mönche des Klosters Fulda abwechselnd auf die inneren Deckblätter eines Gebetbuches, so weit der Platz reichte; es ist unvollständig. Historisch geht das Hildebrandslied in seinem Kern auf Ereignisse aus der Zeit der Völkerwanderung zurück.

Die Handlung setzt beim Leser die Kenntnis der folgenden Vorgeschichte voraus: Dietrich von Bern floh vor Otacher zusammen mit seinem Gefolge, unter dem sich auch Hildebrand befand, an den Hof des Hunnenkönigs Etzel. Dreißig Jahre später kehrt Dietrich zurück, um sein Reich zurückzuerobern. Hildebrand trifft als Anführer der Vorhut auf erste Truppen des Feindes. Ihr Anführer ist Hadubrand.

Hildebrandslied. Handschrift aus dem 9. Jh.

Ik gihôrta ðat seggen,
ðat sih urhêttun ænon muotîn,
Hiltibrant enti Haðubrant untar heriun tuêm
sunufatarungo: iro saro rihtun,
5 garutun se iro gûðhamun, gurtun sih iro suert ana,
helidos, ubar hringâ, dô sie tô dero hiltiu ritun.
Hiltibrant gimahalta, her uuas hêrôro man,
ferahes frôtôro; her frâgên gistuont
fôhêm uuortum, hwer sîn fater wâri
10 fireo in folche, ……
…… eddo hwelîhhes cnuosles dû sîs.
ibu dû mî ênan sagês, ik mî dê ôdre uuêt,
chind, in chunincrîche: chûd ist mir al irmindeot.'
Hadubrant gimahalta, Hiltibrantes sunu:
15 ‚dat sagêtun mî ûsere liuti,
alte anti frôte, dea êrhina wârun,
dat Hiltibrant hætti mîn fater: ih heittu Hadubrant.
forn her ôstar giweit, flôh her Ôtachres nîd,
hina miti Theotrîhhe, enti sînero degano filu.
20 her furlaet in lante luttila sitten
prût in bûre, barn unwahsan,
arbeo laosa: her raet ôstar hina.
sîd Dêtrîhhe darbâ gistuontun

fateres mînes: dat uuas sô friuntlaos man.
25 her was Ôtachre unmet tirri,
degano dechisto miti Deotrîchhe.

her was eo folches at ente: imo was eo fehta ti leop:
chûd was her …… chônnêm mannum.
ni wâniu ih iû lîb habbe' ……
30 wêttu irmingot [quad Hiltibrant] obana ab hevane,
dat dû neo dana halt mit sus sippan man
dinc ni gileitôs' ……
want her dô ar arme wuntane baugâ,
cheisuringu gitân, sô imo se der chuning gap,
35 Hûneo truhtîn: ‚dat ih dir it nû bî huldi gibu.'

Hadubrant gimahalta, Hiltibrantes sunu:
'mit gêru scal man geba infâhan,
ort widar orte ……
dû bist dir altêr Hûn, ummet spâhêr,
40 spenis mih mit dînêm wortun, wili mih dînu speru werpan.
pist alsô gialtêt man, sô dû êwîn inwit fuortôs.
dat sagêtun mî sêolidante
westar ubar wentilsêo, dat inan wîc furnam:
tôt ist Hiltibrant, Heribrantes suno.'
45 Hiltibrant gimahalta, Heribrantes suno:
'wela gisihu ih in dînêm hrustim,
dat dû habês hême hêrron gôten,
dat dû noh bi desemo rîche reccheo ni wurti.
welaga nû, waltant got, wêwurt skihit.
50 ih wallôta sumaro enti wintro sehstic ur lante,
dâr man mih eo scerita in folc sceotantero:
sô man mir at burc ênigerû banun ni gifasta,
nû scal mih suâsat chind suertu hauwan,
bretôn mit sinu billiu, eddo ih imo ti banin werdan.
55 doh maht dû nû aodlîhho, ibu dir dîn ellen taoc,
in sus hêremo man hrusti giwinnan,
raubâ birahanen, ibu dû dâr ênîc reht habês.
der sî doh nû argôsto ôstarliuto,
der dir nû wîges warne, nû dih es sô wel lustit,
60 gûdea gimeinûn: niuse dê môtti,
hwerdar sih hiutu dero hregilo rûmen muotti,
erdo desero brunnôno bêdero uualtan.'
dô lêttun se ærist asckim scrîtan,
scarpên scûrim: dat in dêm sciltim stônt.
65 dô stôptun tô samane staimbortchludun,
heuwun harmlîcco huitte scilti,
unti im iro lintûn luttilo wurtun,
giwigan miti wâbnum ……

1: ik, altsächsische (as.) Form für ahd. ih, ebenso ðat: daz; seggen: sagên; **2:** urhêttun, as. Form: „sie forderten sich heraus": Es stabt die Vorsilbe ur-; ænon muotîn: einmütig; **3:** heriun: Heeren; tuêm, as. Form: ahd. zwei, zwêne (vgl. engl. twain = two); **4:** sunufatarungo: etwa „Leute von Sohn und Vater"; saro: Rüstungen; **5:** garutun: sie machten sich fertig, gûðhamun: Kampfgewänder, gûð: as. Form, ahd. gund, Kampf; **6:** hiltiu: Kampf (Nominativ: hiltia); **7:** gimahalta: er sprach; her: fränkische Form, obd. er, as. hê, vgl. engl. he; hêrôro: Komparativ von: hêr, grau, alt (vgl. hehr); **9:** fôhêm: wenige (engl. few); **10:** fireo: Menschen; ebenso Z. 8: ferahes, des Lebens; **11:** Es spricht natürlich noch Hildebrand; cnuosles: Genitiv zu cnuosal, lat. genus, ahd. kuni, Geschlecht (engl. to know); **13:** chunincrîch, zu kuning-rîhhi; vgl. König, holl. koning, engl. king, verw. mit kuni, Geschlecht. Die Endung -ing bezeichnet den „König" (ahd. kuning) als Abkömmling eines „Geschlechts"; irmindeot: Menschenvolk. Der erste Teil irmin- hat lediglich erweiternde, verallgemeinernde Bedeutung, vgl. Z. 30: irmingot, dann die Irminsul, das Heiligtum der Erminonen). deot gehört zu thiot, thiet, Volk, davon abgeleitet das Eigenschaftswort diutisk in der Bedeutung „dem Volk angehörend"; **16:** frôte: verständige (ebenso Z. 8); **18:** forn: einst; giweit: er ging; Ôtachres: Odoaker herrschte in Italien, als er von Theoderich dem Großen (Dietrich von Bern) entscheidend besiegt wurde; nîd: Hass; **20:** luttila: engl. little, ahd. luzzil, lützel, klein; **21:** prût: junge Frau, „Braut"; **22:** arbeo laosa: erbe-los; **23:** darbâ: Mangel (vgl. darben, bedürfen, Notdurft); **25:** her: Hildebrand; tirri: as. Form für zirri, zornig, verhasst; **26:** dechisto: Superlativ zu dechi, lieb, angenehm; **27:** eo: immer; ente: Ende, Spitze; **28:** chônnêm: kühn; **29:** wâniu ih: ich wähne, vermute; **31:** neo dana halt: niemals mehr; sippan: friedlich, blutsverwandt; **32:** dinc leiten heißt eigentlich „einen Streit vor Gericht führen". Hier ist natürlich an den Zweikampf gedacht; **33:** baugâ: Beugen sind Armringe, Goldspiralen; **34:** cheisuringu gitân: als Kaisermünze gemacht. Wahrscheinlich eine byzantinische Goldmünze; **35:** Hûneo truhtîn: Atli, Etzel; **37:** Ein altgermanisches Sprichwort; **38:** ort: Spitze; **39:** ummet: unmäßig; spâhêr: flektierte Form von spâhi verschlagen (vgl. „spähen"); **40:** spenis: du lockst; **41:** inwit: List, Betrug; **42:** sêolidante: Seeleute (engl. to lead); **43:** wentilsêo: das Wendelmeer – Mittelländisches Meer; wic: Kampf; **45:** Die Zeile steht hier wahrscheinlich falsch; denn 46–48 spricht offenbar Hadubrand; **46:** hrustim: Rüstung; **48:** rîche: eigentlich „Reich", hier „Herrscher"; reccheo: Recke, d. i. Vertriebener; **50:** sumaro enti wintro sehstic: also je 30, d. h. 30 Jahre; **51:** dâr: wo; scerita: man traf an; in folc sceotantero: im kämpfenden Volk; **52:** sô: da; banun: Tod, Verderben, auch Mörder (so Z. 54); **53:** suâsat: lieb, traut (engl. sweet); **54:** bretôn: niederschlagen; billiu: Schwert; **55:** du maht: du darfst (wie engl. you may); aodlîhho: leicht; ellen: Kraft, Mut; taoc: von tugan. taugen, nützen; **57:** raubâ: Beute, Raub, hier Rüstung; birahanen: rauben; **58:** argôsto: der Feigste. arga, feig, ist die schwerste Beschimpfung, die einem germanischen Helden zugefügt werden konnte. Darüber berichten langobardische Quellen; **60:** gûdea: Kampf (gund); niuse: versuche; môtti: von muozzan, müssen, können; **61:** hiutu: heute; hregilo: Gewand; **62:** erdo: oder; **63:** asckim: Esche, Eschenlanze (hier Plural): scritan (schreiten): gleiten. sausen; **64:** scûrim (Schauer): Unwetter, Kampf; **65:** staim bort chludun, diese drei Wörter sind bisher nicht sicher gedeutet: „die mit dem Schilde hallenden"? „die gefärbten Schilde"?; **66:** heuwun: sie zerhieben. -eu- ist getrennt zu sprechen als e und u; **67:** lintûn: Linde, Lindenschild (hier Plural); **68:** giwigan: zerkämpft, zerhauen; wâbnum, as. Form: ahd. wâffan, Waffe (wieder Plural)

Übertragung:

Ich hörte das sagen,
dass sich herausforderten zum Zweikampf
Hildebrand und Hadubrand zwischen zwei Heeren,
Sohn und Vater: Sie brachten ihre Rüstungen in Ordnung,
5 bereiteten ihre Kampfgewänder, banden sich ihre Schwerter um,
die Helden, über das Kettenhemd, als sie zu diesem Kampf ritten.

Hildebrand sprach (zuerst), (denn) er war der Ältere,
der Lebenserfahrenere; er begann zu fragen
mit wenigen Worten, wer sein Vater gewesen sei
10 von den Männern des Volkes ......
...... „oder aus welchem Geschlecht du bist.
Wenn du mir einen nennst, weiß ich die anderen,
junger Mann, im Königreich, bekannt ist mir das ganze Volk."
Hadubrand sprach, der Sohn Hildebrands:
15 „Das sagten mir unsere Leute,
alte und weise, die früher gelebt haben,
dass mein Vater Hildebrand geheißen habe: Ich heiße Hadubrand.
Einst ritt er nach Osten, floh er vor Otachers Hass
fort von hier zusammen mit Dietrich und vielen seiner tapferen Männer.
20 Er ließ im Land zurück elendiglich sitzen

seine junge Frau im Haus, sein unmündiges Kind,
ohne Besitz: er ritt hin nach Osten.
Seither bedurfte Dietrich
meines Vaters: das war (nämlich dort) ein so freundloser Mann!
25 Er (mein Vater) war Otacher gegenüber unmäßig feindlich,
unter den tapferen Männern der treueste im Gefolge Dietrichs.
Immer ritt er dem Kriegsvolk voran, immer war ihm der Kampf am liebsten:
bekannt war er ...... (allen) kühnen Männern.
Ich glaube nicht, dass er noch lebt." ......
30 „Ich rufe Gott zum Zeugen an (sprach Hildebrand) oben vom Himmel herab,
dass du noch nie mit einem so eng verwandten Mann
eine Verhandlung geführt hast." ......
Da zog er vom Arm gedrehte Reifen,
aus Kaisermünzen gefertigt, wie sie ihm der König gegeben hatte,
35 der Herr der Hunnen: „Dass ich es dir nun als Huldbezeigung gebe!"
Hadubrand sprach, der Sohn Hildebrands:
„Mit dem Speer soll der Mann Geschenke annehmen,

Spitze gegen Spitze ......
Du scheinst mir, alter Hunne, unmäßig schlau,
lockst mich mit deinen Worten, willst mich (aber dann) mit deiner Lanze niederwerfen.
Du bist wohl so alt geworden, weil du immer hinterlistig warst.
Das sagten mir Seefahrer,
die westwärts über das Mittelmeer gefahren sind, dass ihn der Kampf dahinnahm:
tot ist Hildebrand, der Sohn Heribrands."
Hildebrand sprach, der Sohn Heribrands:
„Wohl ersehe ich an deiner Rüstung,
dass du daheim einen edlen Herrn hast,
dass du bei diesem Herrscher noch nicht zum Vertriebenen wurdest."
„O weh nun, waltender Gott (sprach Hildebrand), das unheilvolle Schicksal geschieht.
Sechzig Sommer und Winter zog ich außer Landes umher,
wo man mich immer im kämpfenden Volk antraf:
Während man mir bei keiner Burg den Tod zugefügt hat,
soll mich nun mein liebes Kind mit dem Schwert erschlagen,
niederstrecken mit seiner Klinge, oder ich ihm zum Mörder werden.
Doch kannst du nun leicht, wenn deine Tapferkeit ausreicht,
bei einem so alten Mann die Rüstung gewinnen,
die Beute nehmen, wenn du darauf irgendein Recht hast.
Der sei doch nun der Feigste von uns Ostleuten,
der dir nun den Kampf verweigert, nach dem es dich so sehr gelüstet,
dem gemeinsamen Kampf: Versuche es, wer da kann,
wer von uns heute seine Gewänder freigeben muss
oder über beide Brünnen verfügen wird."
Da ließen sie zuerst die Eschenlanzen sausen
in scharfem Kampf, so dass sie in den Schilden stehen blieben.
Dann ritten sie aufeinander zu, dass die Buntborte splitterten,
hieben grimmig auf die weißen Schilde,
bis ihnen ihre Lindenschilde klein wurden,
zerhauen mit den Waffen ...

Aus: Althochdeutsches Lesebuch, bearbeitet von Kurt Bona. Frankfurt: Diesterweg 1968

1. Skizzieren Sie den Handlungsablauf des Hildebrandsliedes und gliedern Sie es in Sinnabschnitte.

2. Beschreiben Sie Hadubrands Vaterbild und erläutern Sie, inwiefern der Kampf für die Beteiligten unausweichlich ist.

3. Das Hildebrandslied wurde in einem Kloster niedergeschrieben. Untersuchen Sie den Text auf Hinweise, dass der Verfasser zwar christlich geprägt war, aber dennoch an heidnischen Schicksalsvorstellungen festhielt.

4. Informieren Sie sich in einem Ihnen zugänglichen Nachschlagewerk über den Stabreim und analysieren Sie die rhythmische Gestaltung des Stabreimverses anhand selbstgewählter Beispiele.

5. Die Sprache des Hildebrandsliedes ist eine Mischung aus langobardischen, hochdeutschen und niederdeutschen Elementen. Hochdeutsch sind etwa Wendungen wie her, prut, chint (oberdeutsch!). Niederdeutsch sind Worte wie ik oder seggen. Eigennamen mit dem Bildungsglied -brand gelten hingegen als spezifisch gotisch bzw. langobardisch. Erklären Sie diese Besonderheiten, indem Sie die Überlieferungsgeschichte des Liedes anhand einer Karte zur deutschen Dialektgeografie verfolgen.

Althochdeutsche Zaubersprüche

Der zweite Merseburger Zauberspruch

5 Phol ende Uuodan vuorun zi holza.
dû uuart demo Balderes volon sîn vuoz birenkit.
thû biguol en Sinthgunt, Sunna era suister;
thû biguol en Frîia, Volla era suister;
thû biguol en Uodan, sô hê uuola conda:
10 sôse bênrenkî, sôse bluotrenkî,
sôse lidirenkî:
bên zi bêna, bluot zi bluoda,
lid zi geliden, sôse gelîmida sîn!

5 Phol und Wodan ritten in den Wald.
Da wurde dem Balders-Fohlen sein Fuß verrenkt.
Da besprach ihn Sinthgund (und) Sonne, ihre Schwester;
da besprach ihn Freyja (und) Volla, ihre Schwester;
da besprach ihn Wodan, so wie er es gut konnte:
10 So es sei Knochenverrenkung, so es sei Blutstauung,
so es sei Gliederverrenkung:
Knochen zu Knochen, Blut zu Blut,
Glied zu Glied, als ob sie zusammengeleimt wären!

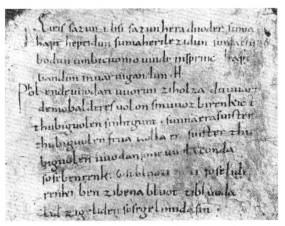

Handschrift mit den beiden Merseburger Zaubersprüchen

Z. 5: Phol ist wahrscheinlich der gleiche Gott wie Balder; Z. 6: birenkit: 2. Partizip von birenken = verrenken; Z. 7: biguol: Präteritum von bigalan = besprechen, Zaubergesang singen (vgl. Nachtigall); Sinthgunt; zweiteiliger Name; sinth = Weg, Fahrt (verwandt mit „senden, Gesinde"), gund = Kampf; Sunna: wie Sinthgunt Name einer Walküre; Z. 8: Frîia: wohl gleichzusetzen der nordischen Freyja, german. Göttin; Volla: die Fülle, in der nordischen Götterlehre die Dienerin der Freyja, hier als selbstständige Göttin gedacht. – Der Aufbau ist klar: Zuerst versuchen Walküren die Heilung, dann Göttinnen, endlich Wodan-Odin, der „Raterfürst". Ihm allein gelingt sie. Z. 9: hê: fränkische Form für „er", entsprechend engl. he; Z. 10: bênrenkî: Knochenverrenkung; bluotrenkî: Blutstauung, -erguss; Z. 13: gelîmida: 2. Partizip von lîmen, zusammenleimen

Aus: Althochdeutsches Lesebuch, bearbeitet von Kurt Bona. Frankfurt: Diesterweg 1968, S. 12

Bamberger Blutsegen

Crist wart hi erden wnt.
daz wart da ze himele chunt.
iz ne blvotete. noch ne svar.
noch nehein eiter ne bar.
5 taz was ein file gvote stunte.
heil sis tu wnte.

In nomine ihesu christi. daz dir ze bvze.
Pater noster. ter.
Et addens hoc item ter.

10 Ich be-suere dich bi den heiligen fûf wnten.
heil sis tu wnde.

et Per patrem. et filium. et spiritum sanctum.
fiat, fiat.
Amen.

Christus wurde hier auf der Erde verwundet.
Das wurde damals im Himmel kund.
Es blutete nicht, es schmerzte nicht,
es sammelte sich kein Eiter.
5 Das war eine höchst gute Stunde.
Heil seist du Wunde.

Im Namen Jesu Christi. Das dir zur Heilung [gesagt].
Dreimal ein Vaterunser.
Und füge dem drei weitere hinzu.

10 Ich beschwöre dich bei den heiligen fünf Wunden:
Werde heil, du Wunde!

Und beim Vater und dem Sohne und dem Heiligen Geiste.
So geschehe es! So geschehe es!
Amen.

Z. 1: wnt – verwundet
Z. 3: svar – schmerzte
Z. 4: nehein ... ne – kein, bar – sammelte

Aus: Karl A. Wipf: Althochdeutsche poetische Texte. Stuttgart: Reclam 1992, S. 79f.

Baustein 3

Die mittelalterliche Gesellschaft im Spiegel der erzählenden Literatur

Einführung

Wenn landläufig vom Mittelalter die Rede ist, wird schnell deutlich, dass damit eigentlich die hier zu thematisierende Epoche des Hochmittelalters (1050–1250) gemeint ist, denn dass kollektive historische Bewusstsein wird geprägt von Vorstellungen wie Rittern, steinernen Burgen, Turnieren, fahrenden Minnesängern und (mehr oder weniger) frommen Mönchen. Stärker als die historische Überlieferung wirken hierbei aber Spielfilme, wie zum Beispiel „Der Name der Rose", „Der erste Ritter", „Ritter aus Leidenschaft" oder „Königreich der Himmel" auf das öffentliche Bewusstsein ein, nicht immer zur Freude der Mediävistik. Dabei ist der Bezug auf das Hochmittelalter als Projektionsfläche eigener Sehnsüchte durchaus keine Erfindung des 20. Jahrhunderts. Bereits die Romantiker verherrlichten das Mittelalter und seine Dichtung als einen Zeitraum, in dem die Menschen noch mit sich selbst im Reinen und eins mit den größeren Ordnungen waren. Die etwa zeitgleich entstehende Germanistik bemühte sich demgegenüber um ein objektives und differenziertes Bild mittelalterlicher Kultur und Lebensweise. So betonte etwa Helmut de Boor[1] besonders die Leistung des Ritterstandes für die Herausbildung der höfischen Kultur, die er in der Verfeinerung der Sitten und der Herausbildung von Tugenden wie Schönheit, Anmut, Ehre u. a. sah. Die Liebe habe durch ihn zudem in der Form der „Minne", eine höfische Ausdrucksform erhalten.

Spätere Forscher, wie etwa Joachim Bumke[2], betonten demgegenüber vor allem die starke Idealisierung des ritterlichen Lebens in der Literatur: Die Literatur dieser Zeit bilde eben nicht die oft deprimierende Realität ihrer Zeit ab, sondern stelle ihr bewusst einen idealen Gesellschaftsentwurf entgegen. In Anlehnung an französische Vorbilder hätten sich deutsche Dichter, die zum ersten Mal in der Geschichte der deutschen Literatur keine Kleriker waren, bemüht, etwa in Form der zeitlich fernen Gesellschaft des Artus-Hofes, eine Welt zu erschaffen, in der nur das Streben nach moralischer und gesellschaftlicher Vollkommenheit von Bedeutung war.

Eine ähnliche Idealisierung lässt sich auch für den Minnesang konstatieren: Er war für den öffentlichen Vortrag in der Gesellschaft gedacht und ist nicht mit der sogenannten Erlebnisdichtung zu verwechseln. Stattdessen gestaltet er im Minnesang in teilweiser Anlehnung an die Begrifflichkeit des Lehnswesens den Minnedienst als ein Dienstverhältnis des Mannes zu seiner *frouwe* (Herrin). Über die gesellschaftliche Funktion des mit dem realen Geschlechterverhältnis nicht in Einklang zu bringenden Minnesangs ist in der Forschung viel diskutiert worden, eine Debatte, die eventuell auch didaktisch nutzbar gemacht werden kann. Diese Minnekonzeption unterliegt in der Geschichte des Minnesangs einem Wandel, der mit den Begriffen „hohe Minne", „niedere Minne" sowie „ebene Minne" zusammengefasst werden kann. Zudem zeigt sich gerade in der Spätzeit des Minnesangs eine Neigung zum Manierismus und zur Minneparodie, die oftmals als Geziertheit bzw. Verflachung wahrgenommen

---

[1] de Boor, Helmut: Die höfische Literatur: Vorbereitung, Blüte, Ausklang (1170–1250). In: de Boor u. a. (Hrsg.): Geschichte der deutschen Literatur von den Anfängen bis zur Gegenwart. Bd II. 11. Auflage München 1991.

[2] Bumke, Joachim: Höfische Kultur. Literatur und Gesellschaft im hohen Mittelalter. 2 Bde. 2. Aufl. München 1986.

wird, tatsächlich aber wohl eher den Versuch darstellt, den Zwängen einer zunehmend als beengend empfundenen literarischen Tradition zu entkommen. So ist es denn auch kein Wunder, dass die Blütezeit des Minnesangs nur fünf Jahrzehnte umfasste (1170–1225).

Hinweise für den Einsatz im Unterricht

Die Elemente des Bausteins sind so angelegt, dass sie im Unterricht einzeln oder nacheinander erarbeitet werden können. Der Schwerpunkt des Bausteins liegt auf der Erarbeitung der mittelalterlichen Gesellschaftsordnung und ihrer Ausprägung in der mittelalterlichen Literatur. Hierbei wurde das Beispiel des *Parzival* gewählt, um das stark idealisierte Bild von Ritter- und Mönchtum zu erarbeiten, das anschließend mit einem Auszug aus Wernhers „Helmbrecht" kontrastiert werden soll. Um den Schülern aber einen möglichst umfassenden Einblick in die Vielfalt mittelalterlicher Literatur zu bieten, enthält der Baustein ferner eine Einführung in die Thematik und Interpretation des *Nibelungenlieds*, das wegen seines Rufes als deutsches Nationalepos und insbesondere wegen seiner späteren politischen Instrumentalisierung besonders geeignet erscheint, den Schülern an einem einfachen Beispiel einen Einblick in die Geschichtlichkeit von Literaturrezeption zu ermöglichen.

Da aber die zum Verständnis mittelalterlicher Literatur notwendigen historischen Grundkenntnisse bei den Schülern nicht vorausgesetzt werden können, steht am Anfang des Bausteins (3.1) zunächst eine knappe historische Einführung, die zu Beginn der Unterrichtsreihe oder in ihrem Verlauf eingesetzt werden kann.

3.1 Die Gesellschaft des Mittelalters

Eine Einführung in die komplexe Gesellschaftsgeschichte des Mittelalters kann im Deutschunterricht natürlich nur knapp bleiben und muss sich auf das Wesentliche beschränken. Es muss dem Lehrenden daher stets bewusst bleiben, dass nur ein Idealzustand thematisiert wird, der in dieser Form eben nur teilweise mit der komplexen Wirklichkeit des Mittelalters in Einklang gebracht werden kann.

Um den Schülern einen Einblick zu geben, inwieweit unser heutiger Sprachgebrauch noch von mittelalterlichen Vorstellungen geprägt ist, kann es durchaus empfehlenswert sein, zunächst einen dezidierten Gegenwartsbezug herzustellen. Dies gilt insbesondere dann, wenn das Material bei jüngeren Lerngruppen eingesetzt werden soll. Hier können den Schülern zunächst einige auch heute noch gebräuchliche Redensarten auf Folie oder an der Tafel präsentiert werden, verbunden mit folgendem Arbeitsauftrag:

> ■ *Erklären Sie die Bedeutung folgender Redensarten und versuchen Sie anschließend, ihre ursprüngliche, aus dem Mittelalter stammende Wurzel zu ermitteln: höflich sein, auf dem hohen Ross sitzen, jemanden an den Pranger stellen, Böses im Schilde führen, ritterliches Verhalten, eine Lanze für jemanden brechen.*

Zu erwarten sind etwa folgende Ergebnisse:

Redewendung	Definition	mittelalterlicher Kern
höflich sein	gute Umgangsformen zeigen	ein Verhalten zeigen, wie es bei Hofe angemessen war
auf dem hohen Ross sitzen	überheblich bzw. arrogant sein	arrogantes Verhalten eines Ritters, der im Gegensatz zum einfachen Volk auf dem Pferd saß
jemanden an den Pranger stellen	jemanden der öffentlichen Verachtung aussetzen	mittelalterliche Bestrafungsform
Böses im Schilde führen	etwas Unrechtes vorhaben	Verbergen einer Stichwaffe hinter dem Schild, sodass sie für den Gegner nicht sichtbar war **oder** Führen eines feindlichen Wappens auf dem Schild
ritterliches Verhalten	sich edel und selbstlos verhalten	den Ehrenkodex eines Ritters befolgen
eine Lanze für jemanden brechen	sich für jemanden einsetzen	Eintreten eines Ritters für die eigene oder die Ehre einer Dame bei einem Turnier

Es dürfte für ältere Schüler mit ein wenig Fantasie kein Problem darstellen, die mittelalterlichen Wurzeln der meisten Redewendungen zu ermitteln. Diese wurden bewusst so gewählt, dass vor allem der Bezug zum Ritterstand deutlich hervortritt.

■ *Welches Bild des mittelalterlichen Ritterstandes tritt in diesen Redewendungen zutage?*

Im Unterrichtsgespräch sollte sich ergeben, dass das hier gezeichnete Bild des mittelalterlichen Ritters durchaus zwiespältig ist: Zwar verweisen viele der Redewendungen auf die Vorbildfunktion, die das Rittertum offensichtlich für sich in Anspruch nahm, doch verweist zumindest die Redewendung „auf dem hohen Ross sitzen" darauf, dass offenbar eine Kluft zwischen dem hehren Anspruch und der historischen Wirklichkeit bestanden haben muss. Wie stilbildend das Rittertum auf die gesamte Gesellschaft gewirkt hat, zeigt vor allem die auch heute noch tagtägliche Verwendung des Wortes Höflichkeit, die beweist, dass das Verhalten des Adels auch auf die Teile der Bevölkerung Eindruck gemacht und gewirkt haben muss, die der höfischen Gesellschaft nicht zuzurechnen waren. Hierbei ist natürlich vor allem an das aufstrebende städtische Bürgertum zu denken, das zumindest teilweise Sitten und Gebräuche des Adels kopierte.

Um die Besonderheiten der mittelalterlichen Ständeordnung zu verdeutlichen, kann im Folgenden auf eine idealtypische Darstellung aus dem 15. Jahrhundert zurückgegriffen werden (**Zusatzmaterial 3**, S. 112), die den Schülern als Folie präsentiert werden sollte.

■ *Beschreiben Sie möglichst genau die auf dem Holzschnitt dargestellten Personen.*

■ *Versuchen Sie anschließend zu deuten, welche Vorstellung von der mittelalterlichen Gesellschaft dem Bild zugrunde liegt.*

Es handelt sich bei der Darstellung um einen Holzschnitt aus Lichtenbergers „Prognosticatio" aus dem Jahre 1492. Dargestellt ist ein in der Mitte auf einem Regenbogen thronender Christus, der anhand des ihn umgebenden Nimbus, der die für Christusdarstellungen typische Form eines kreuzdurchschnittenen Kreises aufweist, sowie der Wundmale (stigmata) an den Händen eindeutig zu identifizieren ist. Die Arme hält dieser weit ausgestreckt und zudem ruht sein Fuß auf einer Weltkugel, was seine beherrschende Stellung unterstreicht. Zu seiner Rechten und Linken befinden sich zwei Personengruppen, die aufgrund ihrer Kleidung und ihrer Insignien (Mithra, Bischofsstab, Krone, Zepter) als Vertreter des Klerus (links) und Adels (rechts) zu bestimmen sind. Das vom vorderen Herrscher in der Hand gehaltene Zepter verweist durch seine Kreuzform auf den christlichen Charakter auch der weltlichen Herrschaft.

Unter diesen Personengruppen befinden sich zwei Bauern, die im Gegensatz zu den übrigen Personen, deren Tätigkeit allein in der Hinwendung zu Christus besteht, bei der Feldarbeit dargestellt werden. Über den Personen befindet sich jeweils eine lateinische Inschrift, die der Erklärung dient:

Tu supplex ora! – Du bete demütig!
Tu protege – Du beschütze!
Tuet labora – Und du arbeite!

Allein durch die Befehlsform wird der Aufforderungscharakter deutlich: Jedem Stand wird seine von Gott gestellte Aufgabe vor Augen geführt. Der Klerus (1. Stand) ist für die Gebete und das Seelenheil des Gesamten zuständig, der Adel für die Verteidigung, und die Bauern sorgen für die notwendigen materiellen Grundlagen. Zudem weist das Bild eine klare Rangordnung der Stände auf: Während der erste und zweite Stand direkt unterhalb des thronenden Christus postiert sind, sind die arbeitenden Bauern deutlich tiefer angeordnet. Typisch für die mittelalterliche Kunst ist auch das die Bauern deutlich kleiner darstellende Größenverhältnis, das nicht etwa Anspruch auf eine realistische Darstellung erhebt, sondern die Größe nach dem Grad der Bedeutung vergibt.

Erwähnt werden muss an dieser Stelle aber auch, dass dieser Holzschnitt ein Idealbild vorstellt, das in der Realität der spätmittelalterlichen Gesellschaft längst keine Entsprechung mehr fand: So sind etwa die Statusunterschiede speziell innerhalb des Klerus gewaltig: Während der hohe Klerus es an Einfluss und Reichtum durchaus mit dem Adel aufnehmen konnte, ging es dem niederen Klerus, vor allem den Dorfgeistlichen, oft kaum besser als den Bauern. Gänzlich fehlt auf dieser Darstellung sogar das Stadtbürgertum, das in seinem Streben nach politischer Emanzipation bereits den Grundstein zur allmählichen Überwindung der Ständegesellschaft legte.

Diese Ergebnisse können in folgendem Tafelbild festgehalten werden

Vertieft werden soll der Einblick in die mittelalterliche Gesellschaftsstruktur durch ein Arbeitsblatt, das sich mit den wesentlichen Besonderheiten des Lehnswesens beschäftigt (**Arbeitsblatt 10**, S. 64). Dieses soll von den Schülern unter folgender Fragestellung bearbeitet werden:

- *Skizzieren Sie den Aufbau des Lehnswesens in Form eines Schaubildes.*
- *Das Mittelalter kannte den Staat als Institution noch nicht. Stattdessen hat sich in der Geschichtswissenschaft der Begriff des Personenverbandsstaats eingebürgert. Erklären Sie, ausgehend vom Text, diesen Begriff.*
- *Erläutern Sie, durch welche Faktoren die Funktionsfähigkeit des Lehnswesens beeinträchtigt wurde.*

Die von den Schülern vorzunehmende Umsetzung des Verfassertextes in eine grafische Darstellung kann an dieser Stelle natürlich nicht vorausgesagt werden, doch erscheint eine Umsetzung in Form einer Pyramide als besonders geeignet, den Aufbau des Lehnswesens zu verdeutlichen. Es empfiehlt sich, zumindest einige Schüler aufzufordern, ihre Umsetzung auf eine Folie zu übertragen, um eine Besprechung der Ergebnisse im Unterricht zu erleichtern.

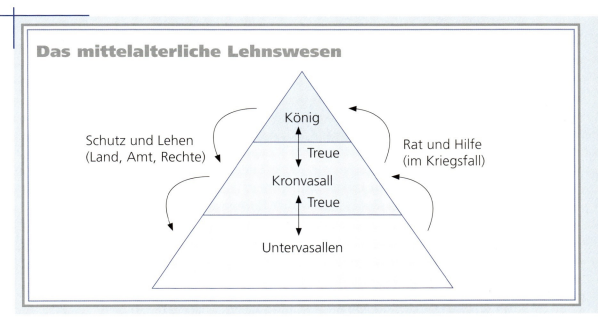

Der Begriff des Personenverbandsstaates besagt nichts anderes, als dass die Macht des Königs nicht auf einer strukturierten Verwaltungshierarchie beruhte, die den Willen des Königs in allen Landesteilen hätte durchsetzen können, sondern auf einem komplizierten Geflecht von persönlichen Verbindungen. Anders ausgedrückt: Wo eine solche persönliche (Lehns-)Bindung fehlte, war es auch um die Durchsetzungsfähigkeit der herrscherlichen Gewalt nicht allzu gut bestellt. Trat eine Störung in diesen Beziehungen auf, so war sogar die Herrschaft des Königs insgesamt in Frage gestellt, da ihm der Verlust seiner militärischen Ressourcen drohte. Ziel eines mittelalterlichen Herrschers musste es also sein, den oft störrischen und eigensinnigen Adel einzubinden und in ein Dienstverhältnis zu bringen. Genau dies sollte durch die Vergabe von Lehen bewirkt werden. Einerseits erhielt insbesondere der niedere Adel durch die Annahme eines Lehens oft erst die materiellen Grundlagen, die zur Ausübung seines „Berufes" als gepanzerter, berittener Berufskrieger erforderlich waren. Andererseits war er nun durch die Leistung des Lehnseides an seinen Herrn gebunden und diesem verpflichtet.

Ähnlich wie bereits beim Aufbau der mittelalterlichen Gesellschaftsordnung klaffte aber auch hier eine große Kluft zwischen Anspruch und Wirklichkeit, die dazu führte, dass das Lehnswesen in eine Krise geriet. Deren Ursachen lassen sich wie folgt zusammenfassen:

> **Schwächen des Lehenswesens**
>
> - zunehmende Tendenz zur Vererbung der Lehen entzieht diese dem königlichen Zugriff
> - fehlende Verpflichtung der Untervasallen auf den König führt zu mangelnder Bindung
> - Praxis der Lehnsnahme von mehreren Herren führt zu gespaltenen Loyalitäten
>
> ↓
>
> *Aushöhlung der Machtgrundlagen des Königs, vor allem in Deutschland (Heiliges Römisches Reich Deutscher Nation)*
> *Entstehung der Landesherrschaften (Territorialstaaten)*

3.2 Ritter und Mönch – Zwei Lebensformen des Mittelalters

Einführung

In diesem Kapitel sollen die oft verzerrten Sichtweisen korrigiert werden, indem die Schüler durch die Beschäftigung mit Auszügen aus der erzählenden Literatur des Mittelalters sich selbst ein Bild von zwei typischen Lebensformen machen, nämlich der des Ritters und des Mönchs. Die Auswahl gerade dieser beiden Lebensformen ergab sich hierbei fast von selbst: So interessant sicherlich ein Einblick in das Leben der Bauern und Handwerker an dieser Stelle gewesen wäre, so groß wären auch die Schwierigkeiten gewesen, da diese Schichten kaum Niederschlag in der mittelalterlichen Literatur, die ja überwiegend aus der Feder von Mönchen (Frühmittelalter) und Adeligen (Hochmittelalter) stammt.
Zugleich ermöglicht diese Unterrichtssequenz auch einen kurzen Einblick in Leben und Werk eines der wichtigsten Dichter des Hochmittelalters: Wolfram von Eschenbach. Die Auswahl der Texte zeigt hierbei einmal mehr ein Idealbild der höfischen Gesellschaft (**Arbeitsblatt 11**, S. 66). Im Mittelpunkt von Wolfram von Eschenbachs Epos „Parzival" steht der höfische Ritter, der sich durch seine edle Gesinnung auszeichnet und nach Perfektion strebt. Diesem Ideal werden an anderer Stelle die Vorstellungen vom mönchischen Leben gegenübergestellt, das durch Weltabgewandtheit und Askese geprägt war. Wie stark gerade der Blick auf die ritterliche Gesellschaft idealisiert war, kann am Ende der Sequenz durch einen Blick auf den „Meier Helmbrecht" von Wernher der Gartenaere verdeutlicht werden, der dem Idealbild des höfischen Ritters die Verrohung der höfischen Sitten und das Raubrittertum seiner Zeit entgegenhält (**Arbeitsblatt 12**, S. 69).
Wegen des notwendigerweise doch recht großen Umfangs und des Schwierigkeitsgrades der Textauszüge wurde in diesem Falle ausnahmsweise auf die Aufnahme der mittelhochdeutschen Originale verzichtet, um eine zügige Erarbeitung zu ermöglichen.

Überlieferung und Inhaltsangabe

Da sein Vater im ritterlichen Kampf gefallen ist, zieht Königin Herzeloyde ihren Sohn Parzival in der Wildnis groß, um ihn möglichst vor den Gefahren des Ritterlebens zu bewahren. Nachdem Parzival jedoch im Wald drei Rittern begegnet ist, ergreift ihn der Wunsch, auch ein Ritter zu werden. Bei seinem Aufbruch bemerkt er nicht, dass seine Mutter aus Gram tot umfällt. Am Artushof wird seine Torheit belacht. Dennoch gelingt es ihm, den „Roten Ritter" im Kampf zu besiegen, dessen Rüstung er fortan trägt. Da eine Rüstung aber noch keinen Ritter ausmacht, unterweist ihn der alte Gournemans in höfischer Sitte. Anschließend bewährt er sich im ritterlichen Leben, indem er die Königin Cundwiramur befreit und heiratet, sie aber bald darauf wieder verlässt. Schließlich gelangt er in die Nähe der Gralsburg, in die er eingeladen wird. Hier erlebt er auch einen feierlichen Aufzug des Grals in Munsalvaesche, der bei Wolfram von Eschenbach kein Kelch, sondern ein Stein ist, der als eine Art Tischlein-Deck-dich Speisen liefert, auf dem aber auch Schriftzeichen erscheinen. Aus falsch verstandenem Anstand stellt er nicht die entscheidende Frage, warum der Schlossherr leidet. Am nächsten Morgen ist das Schloss leer. Parzival kehrt an den Artushof zurück und wird in die Tafelrunde aufgenommen. Die Festfreude ist beendet, als die Gralsbotin Cundrie am Hof erscheint und Parzival verflucht, weil er die Erlösungsfrage nicht gestellt habe. Parzival hadert mit Gott und beschließt daraufhin, nicht zu ruhen, bis er den Gral wiedergefunden hat.

Zugleich mit ihm bricht auch der Ritter Gawan auf, dessen Abenteuer in den Büchern VII und VIII sowie X–XIV erzählt werden. Nach einer über vierjährigen Suche gelangt Parzival zur Eremitenklause seines Onkels Trevrizent, der ihn über Gottes Barmherzigkeit belehrt und ihm die Augen über seine Sünden öffnet. Als ein innerlich Geläuterter zieht Parzival weiter. Auch nach seiner zeitweiligen Rückkehr an den Artushof findet Parzival keinen Frieden und bricht erneut auf. Er begegnet einem ihm unbekannten Ritter, der ihn im Kampf besiegt und sich als sein Halbbruder Feirefiz entpuppt. Gemeinsam ziehen sie erneut zur Gralsburg, wo Parzival diesmal die entscheidende Frage stellt und den Gralskönig Anfortas so von seinen Leiden erlöst. Auch seine Frau Cundwiramurs trifft daraufhin mit ihrem gemeinsamen Sohn Loherangrin in Munsalvaesche ein. Mit einem Ausblick auf die Geschichte Loherangrins endet das Epos.

Die hohe Wertschätzung, die der Parzival im Mittelalter genoss, lässt sich allein anhand der hohen Zahl der überlieferten Handschriften nachweisen, die dieses Epos ganz oder teilweise überliefern (insgesamt 84). Wolfram benannte sich wahrscheinlich nach dem fränkischen Ort Eschenbach (seit 1917 Wolframseschenbach) bei Ansbach. Aus einer Aussage aus dem Parzival (*„schildes ambet ist min art"*) hat man versucht zu erschließen, dass er aus einer ritterlichen Familie stammte, die man mit der aber erst seit 1268 in Eschenbach beheimateten Adelsfamilie gleichsetzt. Sozial muss man Wolfram den Hofdichtern zurechnen, die das Dichten zum Beruf gemacht hatten und einen Gönner zur Finanzierung benötigten. So lassen sich anhand mehrerer Erwähnungen in seinen Werken der Freiherr von Durne, der Graf von Wertheim, Landgraf Hermann von Thüringen sowie ein nicht genauer bestimmbarer bayerischer Gönner als Auftraggeber und Mäzene Wolframs nachweisen.

Inhaltliches und formales Vorbild dieses und anderer Epen waren die französischen Verserzählungen des Chrétien de Troyes, der den alten keltisch-bretonischen Sagenkreis um König Artus und seine Tafelrunde im Sinne der neuen ritterlichen Standesdichtung verarbeitet hatte.

Die auch im Parzival variierten typischen Bestandteile dieser meist breit angelegten Epen sind:

- Aufbruch eines Ritters, der in seiner Ausbildung und Gesittung noch nicht vollendet ist
- Bestehen zahlreicher „aventiuren" (Abenteuer), in denen die Ritterehre immer wieder erprobt und vervollkommnet wird
- Erreichen eines hohen Ziels, z. B. die Minne einer Frau
- Festliche Aufnahme bei der Rückkehr an den Artushof, an das glänzende Idealbild ritterlichen Lebens.

Von den anderen höfischen Epikern unterscheidet sich Wolfram durch seine geringere Bildung, die sich etwa darin äußert, dass ihm die lateinischen Schulautoren offenbar unbekannt waren. Andererseits finden sich in seinen Werken aber auch zahlreiche gelehrte Anspielungen, die zeigen, dass er durchaus Zugang zur Gelehrsamkeit gehabt haben muss.

Als Dichter ist er mit einer Reihe von Liedern sowie drei epischen Werken in Erscheinung getreten, von denen aber nur der Parzival vollendet wurde, der *Willehalm* und der *Titurel* blieben unvollendet. Chronologisch liegt der Parzival (1200–1210) vor den beiden anderen Epen (1210–1220). Als ungefähres Todesdatum wird das Jahr 1220 vermutet.

Hinweise zum Einsatz der Materialien im Unterricht

Es empfiehlt sich, mit einem Kurzreferat zur Biografie Wolfram von Eschenbachs und speziell des Inhalts des Parzival einzusteigen, um den Schülern die Orientierung und die Einordnung der angegebenen Textstellen in das Gesamtwerk zu erleichtern. Falls auf ein solches, gegebenenfalls natürlich vorher zu vereinbarendes Referat verzichtet werden soll, können die notwendigen Informationen auch mittels eines Arbeitsblattes (**Zusatzmaterial 8**, S. 117) geliefert oder diese von den Schülern mithilfe gängiger Nachschlagewerke selbst erarbeitet werden. Nachdem die Texte gelesen wurden, kann die Erarbeitung entweder durch die komplette Gruppe oder arbeitsteilig erfolgen.

■ *Fassen Sie die wichtigsten Aussagen der Texte zu Rittern und Mönchen sowie ihren Wertvorstellungen zusammen.*

■ *Welche Teile der Erziehung, die Ihnen wesentlich erscheinen, fehlen hier?*

■ *Wie bewerten Sie das Erziehungsprogramm Gournemans'? Kontrastieren Sie die Verhaltensnormen, die Gournemans für einen Ritter als vorbildlich sieht, mit denen, die Sie für einen modernen Menschen für angemessen halten.*

Anschließend können die wesentlichen Aussagen der Texte in folgendem Tafelbild zusammengefasst werden.

Ritter und Mönch: Zwei Lebensformen des Mittelalters in Wolframs „Parzival"

Ritter
- Schamhaftigkeit (V. 10)
- Ansehen und Schönheit als Herrschertugenden (V. 15f.)
- Freigiebigkeit den Armen gegenüber (V. 19ff.), aber Augenmaß im Umgang mit Besitz (V. 32)
- Demut (V. 22)
- gepflegte Umgangsformen (V. 40ff.)
- Verbindung von Mut und Mitleid, Schonung des Unterlegenen (V. 49f.)
- Sauberkeit (V. 55ff.)
- Mut und Lebensfreude (V. 61)
- Ehrerbietung und Treue im Wort Frauen gegenüber (V. 63ff.)
- exzellente Beherrschung des Waffenhandwerks, bes. im Turnier (V. 96ff.)
- ➡ vita contemplativa (beschauliches, weltabgewandtes Leben)

Mönch
- Frömmigkeit (V. 1)
- strenges Fasten (Verzicht auf jeden Luxus, bes. Fleisch und Fisch) (V. 2ff.)
- Askese (V. 14)
- Verständnis für menschliche Schwächen (V. 24ff.)
- Keuschheit (V. 32)
- Gastfreundschaft gegenüber Fremden (V. 37ff.)
- Beschäftigung mit (frommer) Literatur (V. 71f.)
- Pflege des christlichen Ritus (V. 73f.)
- ➡ vita activa (aktives auf die Welt Einwirken)

Das Erziehungsprogramm, das Gournemans hier entwirft, lässt sich am ehesten mit dem Konzept einer Zähmung beschreiben. Dies zeigt allein die Formulierung „Wildwuchs ward gestutzt" (V. 2). Die geschilderte Erziehungssituation ist als solche natürlich unrealistisch, da der Fall, dass ein bereits als Ritter auftretender Erwachsener noch nachträglich erzogen werden musste, wohl in dieser Form kaum vorkam. Auch die Art und Weise, wie diese Erziehung erfolgt, nämlich in der Form eines sich auf 86 Verse (V. 4–90) erstreckenden komprimierten Vortrags über rechtes Verhalten, kann schwerlich als pädagogisch besonders glücklich gelten, zumal die wenig freundliche Schlussermahnung „Merkt euch das, denkt darüber nach!" (V. 90) in unseren Ohren recht verletzend klingt. Dennoch enthält dieses Programm in seiner gedrängten Form alles, was ritterliche Erziehung ausmachte: Entscheidend waren die Anpassung an die Sitten und Gebräuche des Hofes und die Erziehung zur Beherrschung des Repertoires sozialer Gesten. Die in dem Tafelbild angeführten Regeln lassen sich im Grunde auf drei Grundregeln aristokratischen Verhaltens reduzieren:

1. Bewahrung von Haltung in allen Lebenslagen
2. Großzügiger, aber nicht verschwenderischer Umgang mit dem Besitz
3. Beachtung der höfischen Etikette

Insbesondere die Haltung zum Reichtum bedarf hierbei der Erklärung, da sich hier adeliges Selbstverständnis und modernes ökonomisches Denken stark unterscheiden: Reichtum diente dem Adel zur Sicherung seiner Stellung und wurde daher (teilweise) ostentativ verbraucht. Hierzu gehörten unter anderem Repräsentation (kostbare Kleidung, Schmuck), aber auch die Armenpflege (Almosen). Verstieß ein Adeliger hiergegen, so riskierte er einen Ansehensverlust bei Hofe.

Auch die Betonung der Einhaltung gewisser Regeln im Umgang miteinander zeigt die zentrale Bedeutung des Hofes und des Ansehens: Durch das enge Zusammenleben bewaffneter Männer an einem Ort mussten notwendigerweise Konflikte entstehen, die durch das Pochen auf die Einhaltung strikter Regeln und eine genau abgestufte Rangordnung, in der jeder seinen Platz zugewiesen bekam, auf das Mindestmaß reduziert wurden. Weiterhin vorhandenes Aggressionspotenzial wurde durch die Turniere kanalisiert bzw. durch die ritterlichen Kämpfe nach außen abgelenkt. In diese Welt galt es den Einzelnen durch Zivilisierung einzupassen. Moderne Erziehungskonzeptionen und Ziele wie zum Beispiel Selbstverwirklichung hatten hier keinen Platz.

Deshalb kann es auch nicht überraschen, dass die eigentlich zentrale militärische Ausbildung hier erst an letzter Stelle genannt wird, obwohl sie im ritterlichen Alltag sicherlich die prominenteste Rolle gespielt haben dürfte. Sie wird sozusagen als wichtig vorausgesetzt, damit der Ritter seinen Wert gegenüber der Gemeinschaft beweisen und sich dadurch legitimieren kann. Vollständig fehlt hingegen ein Verweis auf das, was wir Allgemeinbildung nennen würden.

Insbesondere die anscheinend völlig fehlende Schulbildung fällt hierbei ins Auge. Wie ein Vergleich mit anderen literarischen Werken und historischen Quellen zeigt, ist dies kein Zufall. Allein der Hinweis auf den Beginn der Verslegende „Der arme Heinrich" von Hartmann von Aue, in dem dieser nicht ohne Stolz bemerkt, dass er so gelehrt sei, dass er lesen könne, zeigt die geringe Bedeutung, die die literarische Bildung in der Ausbildung der Ritter genoss. Zwar war das Erlernen von Lesen und Schreiben (fast immer in Verbindung mit Latein) nicht mehr gleichbedeutend mit der Designation für den geistlichen Stand, doch bleibt ihr Stellenwert eher gering.

Die Bewertung der mittelalterlichen Erziehungskonzeption muss natürlich den Schülern überlassen werden und kann daher nicht vorhergesagt werden, doch sollte auffallen, dass viele der von Gournemans genannten charakterlichen Eigenschaften auch heute noch Gültigkeit besitzen. Andererseits sollte im Unterricht auch überlegt werden, welche der genannten Wertvorstellungen ständisch geprägt sind und damit nur noch in gewandelter Form gelten. Dies lässt sich besonders am Gebot der Verehrung der Frauen festmachen, die ständisch geprägt war und heute eher als Respekt vor Frauen noch Gültigkeit besitzt. Andere Werte, wie etwa das Gebot der Demut, gelten heute sogar als vollständig überholt.

Zum Abschluss der Unterrichtssequenz kann es gewinnbringend sein, der starken Idealisierung der ritterlichen Lebensweise die drastische Schilderung der Realität in Form eines Auszugs aus Wernhers Verserzählung „Helmbrecht" gegenüberzustellen.

- *Wie schildert die Hauptfigur das zeitgenössische ritterliche Leben?*
- *In welchem Verhältnis steht diese Schilderung zu den im „Parzival" geschilderten Idealen?*

Die Ergebnisse lassen sich in folgendem Tafelbild zusammenfassen.

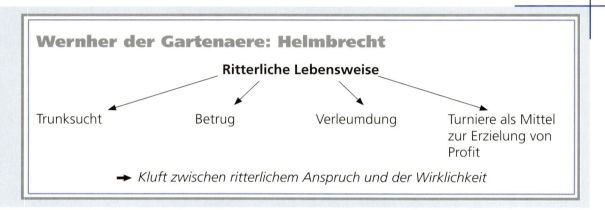

Die Verserzählung „Helmbrecht" des Wernher der Gartenaere (der Gärtner) stammt aus der zweiten Hälfte des 13. Jahrhunderts und stellt dem Idealbild, das hier als einer früheren Epoche angehörend dargestellt wird, die deprimierende Realität des Raubrittertums der Gegenwart gegenüber. Allein die Tatsache, dass der Antiheld der Erzählung, Helmbrecht, eigentlich ein Bauer ist, der sich zum Ritter aufschwingt, zeigt, dass die spätmittelalterliche Ständegesellschaft offensichtlich in Unordnung geraten war. Zwar nimmt Helmbrecht am Ende ein grausames Ende (ihm werden durch die Gerichtsbarkeit die Augen ausgestochen, die rechte Hand und der rechte Fuß abgehackt. Nach einem Jahr Odyssee als Krüppel wird er schließlich von Bauern, die er früher gequält hatte, aufgehängt), doch erscheint sein Verhalten durchaus als repräsentativ für das Rittertum seiner Zeit. Über die Gründe gibt der Text keine Auskunft, doch zeigt sich in der Hinwendung zum Profitstreben und zum Raubrittertum mit einer Neigung zum Menschenhandel (die Turnierkritik bezieht sich teilweise auf die Lösegeldforderungen, die die Verwandten geschlagener Ritter zu entrichten hatten), dass das Rittertum offenbar in seiner ökonomischen Existenz gefährdet war. Zudem nahmen z. B. durch den Einsatz des Langbogens, dessen Pfeile Ritterrüstungen auf große Distanz durchschlagen konnten, die Effektivität ritterlicher Heere drastisch ab, sodass auch ihre militärische Rolle nicht mehr unumstritten war.

3.3 Das Nibelungenlied als Beispiel für ein mittelalterliches Epos

Einführung

Das anonym überlieferte Nibelungenlied entstand vermutlich etwa um 1200 im donauländischen Raum. Es unterscheidet sich durch seine durch und durch negative Weltsicht stark von den höfischen Epen, was auf das deutlich höhere Alter zumindest des Stoffes verweist, der auf die Völkerwanderungszeit zurückgeht.

Kern der Geschichte vom Untergang der Burgunder ist vermutlich eine Begebenheit aus dem 5. Jahrhundert, als die in der Gegend um Worms siedelnden Burgunder beim Versuch, ihr Reich auszudehnen, durch ein römisches Aufgebot, das von hunnischen Hilfstruppen verstärkt wurde, fast vollständig vernichtet wurden (um 436). Die burgundischen Könige Godomar und Gislahari (Giselher) kamen dabei mit ihren Sippen ums Leben. Die Reste des Volkes wurden daraufhin im Gebiet des heutigen Burgund angesiedelt. Diese Geschichte wurde mit der des Hunnenkönigs Attila (Etzel) verknüpft, der 453 während der Hochzeitsnacht mit einer Gotin namens Hildico (Kriemhild?) verstarb, wodurch der Verdacht einer Ermordung aus Verwandtenrache entstand. Hinter dem im Nibelungenlied eine Nebenrolle spielenden Dietrich von Bern verbirgt sich Theoderich der Große (gest. 526).

Nach wie vor ungeklärt ist, ob sich auch hinter der Figur Siegfrieds eine historische Person verbirgt. Nach einer in jüngerer Zeit wieder verstärkt vertretenen Theorie könnte es sich bei Siegfried um die mythologisch überhöhte Person Armins des Cheruskers handeln. Seine Begründung findet diese Theorie darin, dass die Verwandten des Arminius (sein römischer Name) allesamt Namen mit der Vorsilbe Sege- führten. Der Drachenkampf wäre dementsprechend eine metaphorische Darstellung vom Kampf des Arminius gegen die Römer in der Varusschlacht (9 n. Chr.). Man sieht bereits an diesen knappen Bemerkungen, dass in der Nibelungensage Stoffe aus ganz unterschiedlichen Jahrhunderten eingeflossen sind, wobei sich vieles gar nicht mehr entwirren lässt.
Gegliedert ist das Nibelungenlied in 39 Kapitel (Aventiuren). Ob diese blockhafte Gliederung auf eine ursprünglich mündlich überlieferte Liedform zurückzuführen ist, bleibt ungewiss. Sicherlich hat diese Praxis auf die strophische Form des Nibelungenlieds, das offensichtlich gesungen wurde, eingewirkt.
Im ersten Teil des Nibelungenliedes (Aventiure 1–19) wirbt Siegfried, ein Königssohn aus Xanten, um Kriemhild, die Schwester der Burgundenkönige Gunther, Giselher und Gernot. Siegfrieds Jugendgeschichte, insbesondere der Drachenkampf sowie die Gewinnung des Nibelungenhortes, wird im Nibelungenlied vorausgesetzt. Siegfried macht sich am Burgunderhof nützlich und hilft unter Einsatz seiner Tarnkappe insbesondere Gunther dabei, die isländische Königin Brünhild für sich zu gewinnen, die nur den heiraten will, der sie in mehreren Wettkämpfen besiegt. Auch in der Hochzeitsnacht muss Siegfried für Gunther „einspringen", da nur er kräftig genug ist, Brünhild zu besiegen. Kriemhild, die hiervon weiß, nutzt dieses Wissen Jahre später dazu aus, um Brünhild öffentlich zu demütigen. Gunther lässt sich daraufhin dazu überreden, Siegfried zu ermorden. Hagen überredet Kriemhild unter einem Vorwand dazu, ihm Siegfrieds einzige verwundbare Stelle unter dem Schulterblatt zu verraten, und tötet Siegfried bei einer Jagd. Um Kriemhild an einer Rache zu hindern, raubt Hagen ihr den Nibelungenschatz und versenkt ihn im Rhein.
Im zweiten Teil (Aventiure 20–39) wird Kriemhilds Rache geschildert. Kriemhild nimmt zunächst die Werbung des mächtigen Hunnenkönigs Etzel an und verlässt den Burgunderhof. Jahre später lädt sie ihre Brüder mit ihrem gesamten Gefolge an den hunnischen Hof ein. Während die Gäste zu Tisch sitzen, lässt Kriemhild den burgundischen Tross angreifen, woraufhin Hagen Ortlieb, den gemeinsamen Sohn Etzels und Kriemhilds, tötet. In dem nun folgenden Gemetzel werden ganze Völkerscharen gegen die Burgunder aufgeboten, die heroisch standhalten. Kriemhild lässt daraufhin den Festsaal, in dem sich die Burgunder verschanzt haben, anzünden, viele kommen im Feuer um. Als von den Burgundern nur noch Hagen und Gunther am Leben sind, greift Dietrich von Bern ein, besiegt diese und übergibt sie Kriemhild. Diese lässt zunächst ihren Bruder töten und bringt dann Hagen eigenhändig um, da dieser ihr nicht das Versteck des Nibelungenschatzes verraten will. Daraufhin springt Hildebrand vor und tötet auch Kriemhild. Damit endet die Geschichte.
Die elf Handschriften, die das Nibelungenlied vollständig enthalten, schließen mit einer Ausnahme alle ein weiteres Werk, das die Geschichte fortführt, an das Nibelungenlied an, nämlich das in 1200 Reimpaarversen verfasste Gedicht „Diu klage". Es berichtet von dem

Jammer, den die Ereignisse am Hunnenhof überall hervorrufen. Die Geschehnisse werden erklärt, Kriemhild entlastet und Hagen zum Schuldigen gemacht.

Dies könnte darauf zurückzuführen sein, dass der bereits erwähnte düstere Fatalismus, der von dem aus der Völkerwanderungszeit stammenden Stoff ausgeht, für einen hochmittelalterlichen Leser offenbar schwer verdaulich war und deshalb nach Erklärung und Sinngebung verlangte. Auch für den modernen Leser ist das Nibelungenlied als ganzes schwer interpretierbar, da eine einheitliche Sinnstruktur, wie bei den höfischen Epen, hier gänzlich fehlt. Dies liegt unter anderem daran, dass die Figuren dieses Epos vor allem handeln und nur selten reflektieren. So bleibt die Motivation des Handelns oft undeutlich, zweideutig oder fehlt sogar ganz. Problematisch bleibt auch die höfische Überformung eines Geschehens, das im Kern ganz und gar unhöfisch ist und von Verwandtenmord, Betrug und List geprägt wird. Ob der Autor diesen Widerspruch, der oft als Kritik an der Scheinhaftigkeit der höfischen Ordnung gedeutet worden ist, überhaupt als solchen empfunden hat, muss allerdings fraglich erscheinen. Vermutlich hat er nichts anderes getan, als die vorgefundene Handlung dem Geschmack seiner Zeit entsprechend höfisch zu gestalten. Da der Autor seine Sympathien zudem im Laufe des Epos mehrfach verschiebt, lässt sich mit Ausnahme von Nebenfiguren wie Dietrich von Bern kaum eine Figur finden, die durchgehend positiv gezeichnet ist: Kriemhild, die zu Beginn geradezu das Muster einer höfischen Prinzessin ist, verhält sich zunächst dumm und erscheint am Ende sogar als unmenschliche Teufelin, die ihre gerechte Strafe erleidet. Siegfried wirkt trotz oder gerade wegen seiner großen Kräfte täppisch, das Bild Hagens schwankt zwischen dem eines vorbildlichen Lehnsmannes und dem eines hinterlistigen Mörders usw.

Als kleinster gemeinsamer Nenner kann unter den Interpreten heute gelten, dass das Nibelungenlied mit seinem negativen Gesellschaftsbild den Untergang einer Gesellschaftsform zeigt. Ob sich dies allerdings auf die bereits erwähnte Kritik an der höfischen Gesellschaft beziehen lässt oder ob eine vorhöfische Gesellschaft Adressat war, muss hier offen bleiben. Die ältere Rezeption des Nibelungenliedes, die es geradezu in den Rang eines Nationalepos erhoben hatte, sah diese Problematik nicht. Verbreitet war hier die Vorstellung, im Nibelungenlied gehe es um die Verherrlichung der Treue, die man in ihrer männlichen Spielart an Hagen, in der weiblichen Form der Bindung an den Ehemann an Kriemhild festmachen wollte. Dass diese Form der Treue, die als spezifisch deutsch gerühmt wurde, alle Beteiligten schließlich ohne jegliche Transzendenz in den Untergang führt, lässt diese Sicht für einen heutigen Betrachter zutiefst fragwürdig erscheinen. Dennoch bleibt sie bis in die Zeit des Nationalsozialismus hinein das vorherrschende Deutungsmuster.

Hinweise zum Einsatz im Unterricht

Die Kenntnis der wesentlichen Grundzüge der Handlung des bedeutendsten deutschen Epos des Mittelalters ist Wert an sich und bedarf keiner weiteren Begründung. Zudem lässt sich gerade an der unterschiedlichen Interpretation des im Nibelungenlied auftretenden Treuebegriffs ein Einblick in die Geschichtlichkeit und Standortgebundenheit jeglicher Interpretation gewinnen.

Zum Einstieg in die Unterrichtssequenz sollen die Schüler daher zunächst einen Einblick in den Handlungsablauf und die Figurenkonstellation erhalten (**Arbeitsblatt 13**, S. 70f.).

- *Stellen Sie die wesentlichen Stationen der Handlung mithilfe eines Zeitstrahls dar.*

- *Versinnbildlichen Sie die Figurenkonstellation in einem Schaubild. Beschränken Sie sich hierbei auf die Figuren, die Ihnen wichtig erscheinen.*

Die Zeitleiste sollte etwa folgendes Ergebnis bringen:

Die Handlungsstruktur des Nibelungenliedes

Jahr	Geschehen
1	Kriemhilds Traum, Siegfrieds Eintreffen am Hof
2 (?)	Siegfrieds Hilfe bei Gunthers Werbung um Brünhild als Bedingung für die Ehe zwischen Siegfried und Kriemhild
2	Doppelhochzeit am Hof in Worms, erneute Hilfe Siegfrieds in Gunthers Hochzeitsnacht, Abreise Siegfrieds und Kriemhilds nach Xanten
12	Einladung Siegfrieds und Kriemhilds nach Worms, Streit der Königinnen um den Vorrang
12	Ermordung Siegfrieds auf Betreiben und durch Hagen, Kriemhild wird überlistet und hilft so unwissentlich bei dem Mordkomplott
16	Versöhnung zwischen Kriemhild und Gunther, Hagen beraubt Kriemhild des Nibelungenhortes und versenkt ihn im Rhein
17 (?)	Etzel wirbt durch Rüdiger von Bechelaeren um Kriemhilds Hand, Kriemhild akzeptiert und reist an Etzels Hof
30	Einladung der Burgunder an Etzels Hof auf Betreiben Kriemhilds
30	Vorbereitung der Burgunder zum Aufbruch, auf Anraten Hagens, der Betrug wittert, reist das komplette Heer mit
31 (?)	Kriemhild empfängt die Burgunder feindselig; bei einem Gastmahl, zu dem die Burgunder in voller Rüstung erschienen sind, lässt Kriemhild den Tross der Burgunder hinmetzeln, woraufhin Hagen Etzels Sohn tötet
31	Untergang der Burgunder in schweren und für beide Seiten verlustreichen Kämpfen, als Letzte werden Gunther und Hagen gefangen genommen; Kriemhild lässt Gunther töten und schlägt Hagen eigenhändig den Kopf ab; sie wird daraufhin von Hildebrand niedergemacht

Die Jahresangaben sind nicht in allen Fällen eindeutig zu ermitteln, doch reichen diese aus, um das große zeitliche Ausmaß, über das sich die Handlung erstreckt, zu verdeutlichen. Bei der Bearbeitung der zweiten Aufgabe ist es empfehlenswert, einige Schüler ihre Ergebnisse auf Folie schreiben zu lassen, um eine Besprechung zu erleichtern. Ein Ergebnis könnte ungefähr so aussehen:

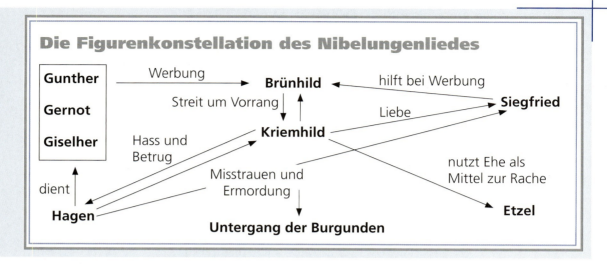

Nachdem die wesentlichen Details der Handlung verdeutlicht wurden, soll im Folgenden an einem Auszug eine Deutung des Geschehens versucht werden. Auf eine formale Analyse bzw. metrische Beschreibung wurde an dieser Stelle bewusst verzichtet. Diese folgt in Baustein 4 anhand der mit der Nibelungenstrophe baugleichen Kürenberger-Strophe (**Arbeitsblatt 15**, S. 96). Hierbei wurden Ausschnitte aus der 36. und 39. Aventiure gewählt, da diese sowohl den Treuebegriff und eben die gerade fehlende Sinnstiftung klar hervortreten lassen.

Nachdem der Text gelesen wurde, sollen folgende Fragen beantwortet werden:

- *Beschreiben Sie die Situation, in der sich die Burgunder in der 36. Aventiure befinden.*

- *Erläutern Sie, welche Wertvorstellungen und Motive den Handlungen der Personen explizit oder implizit zugrunde liegen.*

- *Erläutern Sie anhand des Schlussteils, ob bzw. inwiefern das Geschehen eine Bewertung und Deutung durch den Autor erfährt.*

Die Situation der Burgunden kann zu diesem Zeitpunkt nur als aussichtslos beschrieben werden: Es ist von Bergen von Toten die Rede. In dieser Situation versuchen die drei Könige ein letztes Mal, auf dem Verhandlungswege zu einer Lösung zu gelangen. Diese wird von Etzel wegen des erlittenen Leides aber abgelehnt, wenngleich Kriemhild anbietet, die Burgunder gegen Auslieferung Hagens abziehen zu lassen. Dieses wird von den Burgundern in Gestalt Gernots aber entrüstet unter Berufung auf die Treuepflicht zurückgewiesen. Daraufhin entbrennen die Kämpfe von Neuem.

Bei der Besprechung sollte betont werden, dass der Treuebegriff letztlich auf die Fürsorgepflicht des Lehnsherrn für seinen Vasallen zurückzuführen ist, wie auch umgekehrt keiner von den Burgundern von der Seite seiner Könige weicht. Die Motive der Figuren sind also durch den ständischen Ehr- und Treuebegriff gebunden und dies selbst dann, wenn damit der Untergang für alle verbunden ist. Wie stark diese Prägung wirkt, sieht man daran, dass die durchaus verlockend erscheinende Alternative der Auslieferung Hagens, die viele Leben gerettet hätte (vorausgesetzt, man hält Kriemhild für vertrauenswürdig) nicht eine Sekunde auch nur für bedenkenswert gehalten wird. Allein dies zeigt die große Bedeutung, die die Bewahrung der Treue und Ehre im Feudalismus hatte.

Bei der Interpretation des Schlussteils sollte auffallen, dass Kriemhild klar als Verantwortliche kenntlich gemacht wird. Ihre Titulierung als „valandinne" (Teufelin) lässt sie kaum mehr menschlich erscheinen, sodass ihre Tötung durch Hildebrand insofern als gerechte Strafe erscheint. Allerdings dürfte den Schülern klar sein, dass sich diese Kennzeichnung allenfalls auf den zweiten Teil des Nibelungenliedes beziehen kann. Zudem wird die Ermordung Kriemhilds nur lakonisch berichtet, jegliche zu erwartende triumphierende oder zumindest kommentierende Bemerkung des Autors fehlt. Auch die Zusammenfassung des Geschehens als der „nibelunge nôt" zeigt, dass der Untergang und das Sterben der Burgunder keineswegs heroisch verklärt werden. Diese Feststellung ist insbesondere im Vergleich mit der Rede Hermann Görings vom 30.1.1943 zu betonen, die als Beispiel für eine ideologisch verzerrte Nibelungenrezeption gelten kann (**Zusatzmaterial 4**, S. 113).

Diese Rede wurde anlässlich des zehnten Jahrestages der Machtergreifung zu einem Zeitpunkt gehalten, als sich die Wende des Zweiten Weltkriegs immer deutlicher abzeichnete. Mit der „Blitzkriegsstrategie" hatte das Deutsche Reich zunächst gewaltige Erfolge erzielen können. Mit dem Beginn des Krieges gegen die Sowjetunion im Juni 1941 trat der Krieg in eine neue Phase ein: Auch hier eilte die deutsche Armee zunächst von Sieg zu Sieg und stieß innerhalb weniger Monate bis vor die Tore Moskaus vor, wo der deutsche Vormarsch jedoch ins Stocken geriet. Gegen Ende des Jahres 1942 wurde immer klarer, dass Deutschland seine weit vorgeschobenen Fronten nicht länger halten konnte. Von entscheidendem Symbolgehalt war hierbei die Auseinandersetzung um Stalingrad, wo die 6. Armee mit insgesamt etwa 250 000 Soldaten im November 1942 von sowjetischen Truppen eingekesselt wurde. Trotz gegenteiliger vollmundiger Bekundungen erwies sich die von Hermann Göring kommandierte Luftwaffe als unfähig, die Eingeschlossenen aus der Luft zu versorgen, sodass die deutschen Truppen und ihre Verbündeten nach verlustreichen Kämpfen Anfang Februar 1943 kapitulieren mussten.

Die Rede kann unter folgender Fragestellung behandelt werden:

- *Welche Intention verfolgt Göring mit seiner Rede?*
- *Welche Funktion erfüllt hierbei der Verweis auf die Nibelungensage?*

Görings Intention musste natürlich ähnlich wie bei der ungleich berühmteren Rede Joseph Goebbels' im Berliner Sportpalast sein, die drei Wochen später gehalten wurde, nämlich die angeschlagene Moral der deutschen Bevölkerung wieder aufzurichten, indem der vollkommen sinnlose Tod der Soldaten zu etwas Heroischem umstilisiert wird. Die Ergebnisse können in folgendem Tafelbild gesichert werden:

Das mittelalterliche Lehenswesen

Vergabe von Lehen, die durch Fahnen o. Ä. symbolisiert werden, durch den König. Darstellung aus einer mittelalterlichen Handschrift

Machtfülle der Amtsträger – Gegenmaßnahmen der Herrscher

Die Frage nach Kontrolle und Bindung des Adels war für den König umso bedeutsamer, als jede Teilhabe des Adels an der Herrschaft zu einer gefährlichen Verselbständigung führen konnte. Denn man kannte im Mittelalter die Einrichtung einer Beamtenschaft in der Weise noch nicht, dass jedem Einzelnen nur ein bestimmtes Teilgebiet der Herrschaft oblag. Vielmehr besaß der, der irgendwo im Reich Herrschaft ausübte, „in seinem Amtsbereich die volle staatliche Verfügungsgewalt" (J. Fleckenstein). Dies galt z. B. zur Zeit Karls des Großen für die Grafen, die ursprünglich als Richter des Königs in Verhandlungen eingreifen sollten, allmählich jedoch die gesamten Verwaltungsbefugnisse in ihrer Grafschaft erhielten.

Da sich schon sehr früh Klagen über die selbstherrliche und unrechtmäßige Amtsführung häuften, ließ Karl alle Amtsinhaber durch *Königsboten* kontrollieren, die je zu zweit ein Gebiet bereisten. Damit war aber das Problem der allzu großen Unabhängigkeit des Adels noch nicht gelöst. Dazu bedurfte es eines anderen Weges: Es entstand das *Lehenswesen,* in dem wiederum – wie häufiger bei den Karolingern – alt überlieferte Formen und Rechtsbräuche neue Inhalte bekamen. Drei einander z. T. sogar widersprechende Elemente wurden zu einem neuen System kombiniert, das für Jahrhunderte das Verhältnis von König und Adel bestimmte:

- die altgermanische Gefolgschaft
- die Vasallität, eine auf die Person bezogene Form der Abhängigkeit
- das Beneficium, eine „dingliche" Komponente.

Das Lehenswesen

Die Grundstrukturen des Lehenswesens wurden unter Karl dem Großen systematisiert: durch die *Treueverpflichtung* zog er den hohen Adel an sich; im Frieden verlangte er von ihm Rat, im Kriegsfall Hilfe (consilium et auxilium). Zu dieser persönlichen Bindung, die als Königsdienst das Ansehen des adeligen Herrn steigerte, kam als „dingliches" Element die *Leihe.* Verliehen werden konnten Land, ein Amt oder ein bestimmtes Recht; dies alles erbrachte einen Ertrag und erweiterte die reale Machtgrundlage des adeligen Herrn über sein Eigengut hinaus. So wurden Grafen, Markgrafen, Herzöge, Bischöfe und Äbte zu Helfern des Königs bei der Verwaltung des Reiches. Ebenso waren sie unentbehrlich für den Kriegsfall, denn nicht nur der König hatte das Recht, Lehen auszugeben, sondern seine Lehensträger, die *Kronvasallen,* durften ihrerseits aus ihrem Eigengut an *Untervasallen* Lehen vergeben. Aus ihren Reihen stellten sie dann im Kriegsfall das Truppenkontingent auf, mit dem sie dem König *Heeresfolge* leisten mussten. So wurden die mittelalterlichen Heere zu Vasallenheeren und der Heerbann aller Freien ging mehr und mehr zurück, zumal die Zahl der freien Bauern ständig abnahm (vgl. S. 140). Die beiderseitige Treuebindung und zugleich die materiellen Vorteile der Kronvasallen durch den Gewinn aus den Lehen schienen dem König eine zureichende Sicherheit zu bieten, dass keine adeligen Sonderherrschaften auf dem Boden des Reiches entstanden – unter Otto war die Gefahr durch die Stammesherzöge besonders groß – oder Ämter willkürlich ausgeübt wurden. Denn das Lehen konnte bei Treubruch in einem ursprünglich raschen und wirkungsvollen Gerichtsverfahren dem Lehensmann genommen werden. Auch konnte der König beim Tod des Kronvasallen wieder über das Lehen verfügen, denn es fiel an ihn zurück (Mannfall). Ebenso konnte dies sein Erbe tun, denn auch beim Tod des Königs wurden die Lehen eingezogen und neu vergeben (Herrenfall).

Konfliktmöglichkeiten

War der Herrscher stark und die oppositionellen Kräfte nicht zu mächtig, wurden die Probleme, die das Lehenssystem enthielt, kaum sichtbar, aber sie waren vorhanden. So stellte sich die Frage nach der Bindung der Untervasallen. Der Treueid verpflichtete sie ja nur dem Kronvasallen, dem sie ihn geleistet hatten, nicht aber dem König. Dies konnte der Kronvasall in einem Konfliktsfall ausnützen.

Die Treuebindung im Lehenswesen hatte nur einen Sinn, wenn man Lehensmann eines einzigen Herren, z.B. des Königs, war. Es wurde aber seit dem 9. Jahrhundert üblich, dass selbst Kronvasallen noch von anderen Herren – z.B. weltliche Kronvasallen von geistlichen – Lehen annahmen. Man nutzte dadurch den materiellen Vorteil des Lehens, ohne die auf Zweiseitigkeit angelegte Treuebindung zu erfüllen, denn ein solcher, mehrfach gebundener Lehensmann entschied sich im Ernstfall für gar keinen seiner Herren und blieb neutral.

Schließlich bemühten sich die Lehensleute schon sehr früh, ihre Lehen erblich in ihrer Familie zu erhalten, obwohl der Leihegedanke die Erblichkeit von vornherein ausschließt. Tatsächlich kamen Herrscher häufig ihren Kronvasallen entgegen und gaben das Lehen beim Mannfall an den Sohn des Verstorbenen wieder aus. So entstand allmählich eine Art Gewohnheitsrecht auf die Erblichkeit von Lehen. Zugeständnisse an die Kronvasallen waren besonders im ostfränkisch-deutschen Reich wegen der Italienzüge der Könige häufig, bis schließlich 1232 durch das Reichsgesetz zugunsten der Fürsten den ehemaligen Kronvasallen die volle Herrschaft in ihren Gebieten zugestanden wurde. Aus dem Lehensmann war der *Landesherr* geworden, der seine Macht in seinem eigenen Territorium ausbaute und dieses auch wie eigenen Besitz vererbte.

Aus: Ludwig Bernlochner u.a.: Geschichte und Geschehen. Band 1. Leipzig: Klett Verlag, 2. Auflage 1997, S. 119–122

1. Skizzieren Sie den Aufbau des Lehenswesens in Form eines Schaubildes.

2. Das Mittelalter kannte den Staat als Institution noch nicht. Stattdessen hat sich in der Geschichtswissenschaft der Begriff des Personenverbandsstaats eingebürgert. Erklären Sie ausgehend vom Text diesen Begriff.

3. Erläutern Sie, durch welche Faktoren die Funktionsfähigkeit des Lehnswesens beeinträchtigt wurde.

Wolfram von Eschenbach: Parzival

Da sein Vater im ritterlichen Kampf gefallen ist, zieht Königin Herzeloyde ihren Sohn Parzival in der Wildnis groß, um ihn möglichst vor den Gefahren des Ritterlebens zu bewahren. Nachdem Parzival jedoch im Wald drei Rittern begegnet ist, ergreift ihn der Wunsch, auch ein Ritter zu werden. Bei seinem Aufbruch bemerkt er nicht, dass seine Mutter aus Gram tot umfällt. Am Artushof wird seine Torheit belacht. Dennoch gelingt es ihm, den „Roten Ritter" im Kampf zu besiegen, dessen Rüstung er fortan trägt. Da eine Rüstung aber noch keinen Ritter ausmacht, unterweist ihn der alte Gournemans in höfischer Sitte.

Wolfram von Eschenbach (1170–1220).
Manessische Liederhandschrift, Heidelberg

[...] Die Tafel wurde aufgehoben –
Wildwuchs wurde nun gestutzt!
Der Burgherr sagte seinem Gast:
„Ihr redet wie ein kleines Kind.
5 Wann schweigt Ihr endlich von der Mutter
und geht auf andre Themen ein?
Haltet Euch an meine Lehre,
denn so macht Ihr keine Fehler.
Ich fange an, erlaubt es mir:
10 verliert nur nie den Sinn für Scham.
Wer sich nicht schämt, was taugt der noch?
Das ist wie Mauser, Federfall:
Wert und Würde sinken nieder,
zeigen ihm den Weg zur Hölle.
15 Mit Eurem Aussehn, Eurer Schönheit
könntet Ihr ein Herrscher werden.
Seid Ihr edel, strebt nach oben,
so bleibt Euch in dem Punkte treu:
helft den Vielen in der Not,
20 kämpft gegen ihre Armut an
mit Güte, Generosität[1],
gebt niemals Eure Demut auf.
Gerät ein edler Mann in Not,
so hat er mit der Scham zu kämpfen
25 (und das ist ein bitterer Kampf!) –
seid bereit, auch ihm zu helfen.
Er ist noch übler dran als jene,
die vor Fenstern Brot erbetteln.
Rettet Ihr ihn aus der Not,
30 kommt Gottes Gnade auf Euch zu.
Doch ob Ihr arm seid oder reich –
zeigt stets das rechte Augenmaß.

Ein Herr, der den Besitz verschleudert,
benimmt sich gar nicht wie ein Herr;
40 doch wenn er dauernd Schätze häuft,
so ist dies auch nicht ehrenvoll.
Haltet immer Maß und Ziel.
Ich habe Anlass, festzustellen,
dass Ihr Unterweisung braucht.
45 Seid nicht mehr so ungehobelt!
Ihr sollt nicht viele Fragen stellen!
Gewöhnt Euch an zu überlegen,
was Ihr zur Antwort geben wollt;
sie geh auf dessen Frage ein,
50 der etwas von Euch hören will.
Ihr könnt doch hören, sehen,
schmecken, riechen – all dies bringe
Euch so langsam zu Verstand!
Verbindet mit Mut das Mitleid –
55 so befolgt Ihr meine Lehre.
Wenn einer sich Euch unterwirft,
per Ehrenwort, so nehmt es an
und lasst ihn leben – falls er Euch
nichts antat, was das Herz zerbricht.
60 Ihr werdet oft die Rüstung tragen;
sobald die von Euch abgelegt ist,
wascht Euch Hände und Gesicht –
sobald sich Rost zeigt, wird es Zeit!
Ihr wirkt dann wieder angenehm –
65 und das bemerken Frauen gleich!
Seid mutig und seid hochgestimmt,
das fördert Euren schönen Ruhm.
Und haltet stets die Frauen hoch –
so steigt ein junger Mann im Rang.

---

[1] Generosität: (franz.) Großmut

Bleibt hier fest, an jedem Tag –
hier zeigt sich männliche Gesinnung.
Wenn Ihr sie belügen wollt,
da könnt Ihr viele leicht betrügen!
Doch Betrug ist nicht von Dauer –
anders als der Ruhm, die Liebe.
Der Mann der Seitensprünge klagt
das dürre Holz im Walde an,
weil es zerbricht und dabei knackt –
und schon wacht der Wächter auf!
Im Versteck und im Verhau
gerät man häufig aneinander.
Doch vergleicht man dies mit der Liebe:
ist sie echt, so hat sie Mittel
gegen Finten des Betrugs.
Ist Euch die Liebe nicht mehr hold,
verliert Ihr unvermeidlich Ehre,
leidet in der Schande Not.
Nehmt Euch diesen Rat zu Herzen.
Ich sag noch etwas zu den Frauen.
Mann und Frau sind völlig *eins* –
wie die Sonne, die heut schien
und das, was man als ‚Tag' bezeichnet.
hier lässt sich keins vom andren trennen:
aus *einem* Kerne blühn sie auf!
Merkt Euch das, denkt drüber nach."
Der Gast verneigte sich, zum Dank.
Und er schwieg von seiner Mutter –
mit dem Mund, doch nicht im Herzen.
Noch heute so, bei wahrer Bindung ...
Der Burgherr sagte, was ihn ehrte:
„Ihr müsst noch vieles, vieles lernen
an Waffenhandwerk, Ritterwesen.
Wie kamt Ihr bloß zu mir geritten!
Ich hab so manche Wand gesehn,
an der ein Schild weit grader hing
als bei Euch, an Eurem Hals!
Es ist noch nicht zu spät für uns,
wir reiten rasch hinaus ins Freie –
ich leite Euch zur Könnerschaft.
Holt ihm sein Ross und mir das meine
und einem jeden Ritter seines,
auch Knappen sollen dorthin kommen;
jeder nehme sich zuvor
eine starke Lanze mit –
die sollte aber möglichst neu sein."
So zog der Fürst hinaus zur plaine,
man übte Reit-Manöver ein.
Er instruierte seinen Gast,
wie man das Ross aus dem Galopp,
indem man hart die Sporen setzt
und flügelrasch mit Schenkeln pumpt,
in die Attacke lenkt, die Lanze
richtig senkt, den Schild hochnimmt
für den Gegen-Lanzenstoß:
„Nun macht das bitte einmal nach."

Er trieb ihm seine Fehler aus –
besser als mit schlanker Gerte,
die bösen Kindern Haut zerstriemt.
Er ließ die Ritter kommen, rasch,
die gegen ihn tjostieren[1] sollten.
Und er gab ihm die conduite[2]
zu einem Ritter auf dem Kampfplatz.
Da stieß der junge Mann die Lanze
in erster Tjost durch einen Schild,
das fanden alle wirklich stark,
und dass er ihn vom Pferde stieß,
den Ritter, der nicht grade schwach war.
Ein zweiter Tjosteur stand gleich bereit.
Da hatte Parzival auch schon
einen neuen, starken Schaft –
Jugend voller Mut und Kraft!
Den jungen Schönen ohne Bart
trieb das Erbe Gahmurets,
die angeborne Tapferkeit:
er ritt das Pferd im Renngalopp
mit vollem Schwung in die attaque
und zielte mitten auf den Schild.
Der Ritter hielt sich nicht im Sattel,
maß der Länge nach den Acker.
Da musste es ja Kleinholz geben –
alle seine Lanzensplitter!
Und so stieß er fünf vom Pferde!
[...]

Nachdem Parzival von dem Ritter Gournemans erzogen wurde, bewährt er sich im ritterlichen Leben und gelangt schließlich zur Gralsburg, in die er eingeladen wird. Aus falsch verstandenem Anstand stellt er nicht die entscheidende Frage, warum der Schlossherr leidet. Am nächsten Morgen ist das Schloss leer. Parzival kehrt an den Artushof zurück und wird in die Tafelrunde aufgenommen. Die Festfreude ist beendet, als die Gralsbotin Cundrie am Hof erscheint und Parzival verflucht, weil er die Erlösungsfrage nicht gestellt habe. Parzival beschließt daraufhin, nicht zu ruhen, bis er den Gral wiedergefunden hat. Nachdem seine Suche bereits über vier Jahre gedauert hat, gelangt er zur Mönchsklause seines Onkels Trevrizent.

[...]
Der fromme Trevrizent saß dort,
der montags meistens Reste aß,
in allen Wochen ebenfalls.
Auch Brombeer-, Rebenwein und Brot
hatte er Verzicht geleistet.
Noch härter war sein frommer Sinn:

---

[1] tjostieren: einen ritterlichen Zweikampf austragen
[2] conduite: Haltung, Verhalten

er lehnte alle Speisen ab
wie Fisch und Fleisch: nur nichts mit Blut!
Er lebe wie ein Heiliger.
10 Dies hatte Gott ihm eingegeben:
er bereitete sich vor
zum Eintritt in die Himmelsscharen.
Das Fasten peinigte ihn sehr:
Askese kämpfte gegen Satan. [...]
15 Parzival zu seinem Wirt:
„Als ich Euch sah und zu Euch ritt –
bekamt Ihr's mit der Angst zu tun?
Wolltet Ihr nicht, dass ich komme?"
Er sagte: „Herr, Ihr könnt mir glauben,
20 dass mich der Bär und auch der Hirsch
öfter schreckten als die Menschen.
Ich will es Euch ganz offen sagen:
ich habe keine Angst vor Menschen,
Menschliches ist mir nicht fremd.
25 Nehmt es nicht als Prahlerei:
stand meinen Mann in Kampf und Liebe.
Ich bin noch nie so schlapp gewesen,
bei einem Kampf zurückzuweichen.
Vor Zeiten, als ich Waffen trug,
30 war ich ein Ritter ganz wie Ihr,
der auch nach Hoher Liebe strebte.

Ich hab die Keuschheit manches Mal
mit Sündendenken konterkariert[1].
Und meinem Leben gab ich Glanz,
35 damit mich eine Frau erhörte.
Doch das ist jetzt schon längst vergessen.
Reicht mir bitte Euren Zügel.
Unter jenem Felsvorsprung
soll sich Euer Pferd erholen.
40 Nach einer Weile ziehn wir los
und sammeln Fichtensprossen, Farn –
andres Futter gibt's hier nicht.
Wir kriegen Euer Pferd schon satt."
Nun wollte Parzival verhindern,
45 dass er sich den Zügel griff.
„Es entspricht nicht Eurer Haltung,
dass Ihr mit dem Hausherrn streitet –
„Höflichkeit schließt Grobheit aus!"
Dies sagte ihm der Edelmann.
50 Er gab den Zügel seinem Wirt,
der zog das Pferd zum Fuß des Felsens –
nie kam dort die Sonne hin.
Ein Pferdestall, naturgeschaffen;
von oben lief ein Bach herab.
55 Parzival – er stand im Schnee;
einem Schwächling tät das weh,
wenn er eine Rüstung trüge,
die Kälte derart attackierte!
Es führte ihn der Wirt zur Höhle –
60 selten kam ein Windhauch rein.
Dort lagen Kohlen, die noch glühten –
das war dem Gaste äußerst recht.
Man steckte eine Kerze an,
der Held zog seine Rüstung aus.
65 Den Boden deckten Stroh und Farn
und seine Glieder wurden warm –
so, dass seine Haut erglänzte. [...]
Nun fand er diesen guten Wirt!
Der lieh ihm einen Rock zum Anziehn,
70 führte ihn darauf in eine
zweite Höhle, und hier lagen
Bücher, die der Fromme las.
Ein Altarstein: nicht bedeckt,
dem Tag entsprechend. [...]

Um 1200, aus: Wolfram von Eschenbach: Parzival. Ü: Dieter Kühn, Deutscher Klassiker Verlag 2006

Hl. Martin, sog. Bassenheimer Reiter, um oder nach 1240

1. Fassen Sie die wichtigsten Aussagen der Texte zu Rittern und Mönchen sowie ihren Wertvorstellungen zusammen.

2. Welche Teile der Erziehung, die Ihnen wesentlich erscheinen, fehlen hier?

3. Wie bewerten Sie das Erziehungsprogramm Gournemans'? Kontrastieren Sie die Verhaltensnormen, die Gournemans für einen Ritter als vorbildlich sieht, mit denen, die Sie für einen modernen Menschen für angemessen halten.

---

[1] konterkarieren (frz.): hintertreiben, hintergehen

Wernher der Gartenaere: Helmbrecht

Helmbrecht ist ein Bauernsohn, der Ritter werden möchte, deshalb den väterlichen Hof verlässt und sich einem Raubritter anschließt. Nachdem er in dessen Diensten ein Jahr lang geplündert und geraubt hat, kehrt er noch einmal nach Hause zurück, wo er sich als höfischer Ritter aufspielt.

985 daz sint nû hovelîchiu dinc:
„trinkâ, herre, trinkâ trinc!
trinc daz ûz, sô trink ich daz!
wie möhte uns immer werden baz?"
vernim waz ich bediute:
990 ê vant man werde liute
bî den schoenen frouwen,
nû muoz mart si schouwen
bî dem veilen wîne.
[...]
1007 swer liegen kan der ist gemeit,
triegen daz ist hövescheit.
er ist gefüege, swer den man
mit guoter rede versnîden kan.
swer schiltet schalclîche,
der ist nû tugentrîche.
der alten leben, geloubet mir,
die dâ lebent alsam ir,
1015 die sint nû in dem banne
und sint wîbe und manne
ze genôze alsô mære
als ein hâhære.
âht und ban daz ist ein spot.'
1020 Der alte sprach: ‚daz erbarme got
und sî im immer gekleit,
daz diu unreht sint sô breit'.
‚Die alten turnei sint verslagen
und sint die niuwen für getragen.
1025 wîlen hôrt man kroyieren sô:
„heiâ ritter, wis et frô!"
nû kroyiert man durch den tac:
„jagâ ritter, jagâ jac!
stichâ stich! slahâ slach!
1030 stümbel den der ê gesach!
slach mir disem abe den fuoz!
tuo mir dem der hende buoz!
dû solt mir disen hâhen
und enen rîchen vâhen:
1035 der gît uns wol hundert phunt."

985 „Das ist jetzt Mode auf einer Burg:
‚Prost, Ritter, prost! Sauf! Ex!
Trink du das aus, so trink ich das!
Wie könnten wir je besser leben?'
Höre, was ich dir erklären muss.
990 Früher saßen die vornehmen Ritter
bei den schönen Edelfrauen.
Heute sieht man sie
in einer Weinstube sitzen.
[...]
1007 Wer zu lügen versteht, der ist obenauf,
und betrügen gilt als vornehm.
Als hochanständig gilt, wer einem Menschen
mit scheinheiligen Worten die Ehre abzuschneiden versteht,
und wer hinterrücks verleumdet,
der gilt heute als rechtschaffen.
Das Leben der alten Leute, glaubt mir,
die so leben wie ihr,
1015 die sind jetzt wie geächtet
und bei Männern und Frauen
geradeso beliebt
wie der Henker.
Acht und Bann sind zum Spott geworden."
1020 Der Alte sagte: „Das möge Gott erbarmen,
und es sei ihm immerfort geklagt,
dass das Unrecht sich so breit macht.
Die Turniere, wie sie früher waren, werden verachtet;
dafür sind die heutigen aufgekommen.
1025 Früher hörte man den Herold rufen:
‚Heißa, Ritter, sei doch fröhlich!'
Jetzt ruft man den lieben langen Tag:
‚Los, jage, Ritter, los, jage, jag!
Stich zu, stich! Schlag drein, schlag zu!
1030 Blende den, der vorher sehen konnte!
Hau mir dem den Fuß ab;
schlag mir diesem die Hand ab!
Diesen sollst du mir aufhängen
und jenen Reichen fangen:
1035 der zahlt uns bestimmt hundert Pfund Silber!"

Aus: Wernher der Gaertenaere: Helmbrecht. Hg. von Friedrich Panzer und Kurt Ruh. 10. Auflage besorgt von Hans-Joachim Ziegeler. Tübingen: Max Niemeyer Verlag 1993, S. 40/41

103: bediute: mitteile; 104: werde: angesehene, vornehme; 107: veilen: käuflich; 108: swer: wer; liegen: lügen; gemeit: tüchtig; 109: triegen: betrügen; hövescheit: höfisches (fein gebildetes und gesittetes) Wesen und Handeln; 110: gefüege: wohlanständig; 111: versnîden: betrügen; 112: schiltet: schmäht; schalclîche: hinterlistig; 115: alsam: ebenso wie; 118: ze genôze: gleich an Wesen, Stand; alsô: wie; mære: lieb, von Wert; 119: hâhære: Henker

1. Wie schildert die Hauptfigur das zeitgenössische ritterliche Leben?

2. In welchem Verhältnis steht diese Schilderung zu den im Parzival geschilderten Idealen?

Das Nibelungenlied (um 1200): Inhaltsangabe

Die Handlung setzt ein mit dem Falkentraum Kriemhilts, der schönen Schwester der Burgundenkönige Gunther, Gernot und Giselher. Sie träumt, dass zwei Adler einen von ihr gezogenen Falken (das althergebrachte Symbol für den Geliebten) töten – ein Traum, der sich auf tragische Weise bewahrheiten wird. Der junge Königssohn Siefrit aus den „Niderlanden" wirbt bald darauf um Kriemhilt. Ihm eilt die durch Hagen, den Gefolgsmann Gunthers, verbreitete Kunde voraus, dass er den Hort Nibelungs mit seinem Schwert Balmung erworben und dem Zwerg Alberich die Tarnkappe abgewonnen habe. Hagen berichtet auch von dem Drachenkampf und dass Siefrit im Blute des erschlagenen Drachen gebadet und damit seine Haut gehörnt habe. Siefrit wird mit Ehren am Burgunderhof aufgenommen, kann aber Kriemhilt, die beim ersten Anblick für ihn erglüht, erst heimführen, nachdem er Gunther geholfen hat, die über alle Maße schöne und starke Prünhilt zur Königin zu gewinnen. Prünhilt, die nur dem gehören will, der sie in einer Art Dreikampf – Schaftwurf, Steinwurf und Weitsprung – übertrifft, wird von Siefrit, der unsichtbar in der Tarnkappe Gunther die Hand führt und ihn beim Sprung trägt, besiegt und folgt den Burgunden nach Worms – widerstrebend und im Innersten wohl ahnend, dass der Kampf nicht mit rechten Dingen zuging. In Worms wird die Doppelhochzeit festlich begangen, doch in der Hochzeitsnacht erwehrt sich Prünhilt Gunthers auf drastische Weise, indem sie ihn fesselt und an einen Nagel hängt. Gunther bittet Siefrit, ihm noch einmal beizustehen, und dieser erscheint in der folgenden Nacht unsichtbar im Schlafgemach, überwindet Prünhilt im Ringkampf und überlässt sie Gunther, von dem sie sich besiegt glaubt. Doch vorher entwendet er Prünhilt – und dies wird ihm und schließlich den Burgunden zum Verhängnis – Ring und Gürtel, die er später, als er mit seiner Frau zurück an den Niederrhein gezogen ist, Kriemhilt schenkt, nicht ohne ihr über die Herkunft der Kleinodien zu berichten.

Zehn Jahre später erreicht Prünhilt, die immer noch spürt, dass in der Beziehung Gunthers zu Siefrit etwas mitspielt, das sie betrifft, dass Siefrit und Kriemhilt zu einem Fest nach Worms geladen werden. Dort spielt sich nun, auf der Treppe des Münsters, der berühmte Streit der Königinnen um den Vortritt ab, bei dem aus Kriemhilts Mund das beschimpfende „Kebse" fällt und sie das Geheimnis der zweiten Hochzeitsnacht offenbart, indem sie Ring und Gürtel vorweist. Diese tödliche Beleidigung seiner Herrin ist Hagen willkommener Anlass, Siefrit, dem er von Anfang an feindlich gesinnt war, aus dem Wege zu schaffen. Er gewinnt Gunther für seinen Plan, entlockt Kriemhilt das Geheimnis der verwundbaren Stelle – während seines Bades im Drachenblut fiel Siefrit ein Eichenblatt zwischen die Schulterblätter – und ermordet den nichtsahnenden Siefrit auf der Jagd. in „grôzer übermüete" (großem Mutwillen) und aus „eislîcher râche" (schrecklicher Rache) legt Hagen den Leichnam vor Kriemhilts Schlafgemach – eine verachtungsvolle Geste, die diese sofort versteht und auch verstehen soll: „ez hât gerâten Prünhilt,/daz ez hât Hagene getân!" Das Leid Kriemhilts, ihre wilden Anklagen kennen keine Grenzen, ebenso wenig aber auch ihre Freigebigkeit mit dem Gold ihrer „Morgengabe", des Nibelungenhorts, das sie für Siefrits Seele ausstreut. Nach viereinhalb Jahren versöhnt sich Gunther auf Anraten Hagens mit Kriemhilt. Hagen gelingt es, die Hortschlüssel zu gewinnen und Kriemhilt aller Mittel und damit ihrer Macht zu berauben, indem er den Hort in den Rhein versenkt.

Dies geschieht zu einer Zeit, als der Hunnenkönig Etzel nach dem Tod seiner Frau um eine neue Königin werben will. Seine Wahl fällt auf Kriemhilt, die nach einigem Widerstreben dem Werber Etzels, Markgraf Rüedeger, ihre Zusage gibt, nachdem dieser ihr nichtsahnend geschworen hat, ihr Rächer zu sein an jedem, der ihr ein Leid tut. In Kriemhilt aber reifen bereits Rachegedanken heran, die sich hauptsächlich gegen Hagen richten, den Mörder ihres Mannes und Entführer ihres Horts, und die sie nach dreizehn Jahren in die Tat umsetzt. Sie lädt die Burgunden an Etzels Hof und empfängt sie mit offener Feindschaft. Hass und Misstrauen schaffen eine Atmosphäre, in der jeder Funke zu furchtbarer Entladung führen kann. Während des Mahls, zu dem die Burgundenfürsten in krassem Gegensatz zu höfischen Gepflogenheiten bewaffnet erscheinen und an dem Kriemhilt auch ihren und Etzels kleinen Sohn teilnehmen lässt, werden auf Befehl Kriemhilts die neuntausend unbewaffneten Ritter der Burgunden, die unter der Aufsicht von Hagens Bruder Dankwart stehen, hingemetzelt. Der blutüberströmte Dankwart bringt die Nachricht an die Festtafel, Hagen lässt die Türen des Festsaals sperren, tötet Etzels Sohn und dessen Erzieher und entfesselt einen allgemeinen Kampf. Dietrich von Bern, dem am Hunnenhof im Exil lebenden König, gelingt es, für seine eigenen Männer und das hunnische Königspaar freies Geleit aus dem Saal zu erlangen. Dann tobt der blutige Kampf weiter. Alle Hunnen im Saal fallen, danach die Mannen der am Hofe Etzels weilenden thüringischen und dänischen Fürsten. Kriemhilt lässt den Saal an vier Enden anzünden, sie lässt das Gold in Schilden herantragen, um die

Hunnen anzuspornen. Ihr geht es um den Tod Hagens, um dessentwillen sie Tausende hinschlachten lässt. Auch Rüedeger muss nun seinen so bedenkenlos gegebenen Schwur einlösen: Er fällt im Kampf mit Hagen. Schließlich sind Hagen und Gunther die einzigen Überlebenden, die von Dietrich von Bern im Ringkampf übermannt und Kriemhilt ausgeliefert werden. Sie aber bewegt nur eine Frage, die nach dem Hort, „*in dem für sie sinnbildlich ihr ganzer Verlust an Glück und Macht beschlossen ist*" (F. Neumann): Als Hagen ihr erwidert, er habe geschworen, nichts über dessen Verbleib zu sagen, solange einer seiner Herren lebe, lässt Kriemhilt ihrem Bruder das Haupt abschlagen und bringt es Hagen, der ihr antwortet: „*den schaz den weiz nû niemen/wan got unde mîn: // der soll dich vâlandinne/immer wol verholn sîn.*" („Von dem Schatz weiß nun niemand etwas außer Gott und mir, er soll dir Teufelin immer verborgen bleiben.") Da ergreift Kriemhilt in ihrer Wut Hagens Schwert, in dem sie Balmung, das Schwert Siefrits erkennt, und schlägt dem Todfeind das Haupt ab. Die Klage Etzels, dass ein Held durch die Hand eines Weibes hat fallen müssen, entfacht den Zorn Hildebrants, des Waffenmeisters Dietrichs: Er tötet die laut schreiende Königin mit einem Schwertstreich.

„*Ine kann iu niht bescheiden waz sider dâ geschah:*
wan ritter unde vrouwen weinen man dâ sach,
dar zuo di edeln knehte, ir lieben friunde tôt.
hie hât das maere ein ende: daz ist der Nibelunge nôt."
(„*Ich kann euch nicht sagen, was danach geschah,*
nur, dass man Herren und Damen, dazu edle Ritter
den Tod ihrer lieben Freunde beweinen sah.
Das ist das Ende des Liedes: das ist die Not der Nibelungen.")

Aus: Kindlers Neues Literaturlexikon. Hrsg. von Walter Jens. Copyright © 1988 by Kindler Verlag GmbH, München

1. Stellen Sie die wesentlichen Stationen der Handlung mithilfe eines Zeitstrahls dar.

2. Versinnbildlichen Sie die Figurenkonstellation in einem Schaubild.

Das Nibelungenlied (Auszug: 36./39. Aventiure)

Nach dem Verrat Kriemhilds und der darauf folgenden Ermordung von Etzels Sohn durch Hagen kommt es zu schweren Kämpfen zwischen Hunnen und Burgundern.

2083 Noch vor dem âbénde   dô schuof der künec daz   2020
und ouch diu küneginne,   daz ez versuochten baz   (2139)
die híunéschen recken.   der sach man vor in stân
noch wol zweinzec tûsent.   díe muosen dâ ze strîte gân.

2084 Sich huop ein sturm herte   zuo den gesten sân.   2021
Dancwart, Hagenen bruoder,   der vil snelle man,   (2140)
spranc von sînen herren   zen vîenden für die tür.
mân wânde er wære erstorben: er korn gesunder wol dar für.

2085 Der herte strît werte   unz inz diu naht benam.   2022
dô werten sich die geste,   als guoten helden zam,   (2141)
den Etzelen mannen   den sumerlangen tac.
hei waz noch küener degene   vor in véigé gelac!

2086 Zę einen sunewenden   der grôze mort geschach,   2023
daz diu frouwe Kriemhilt   ir herzen leit errach   (2142)
an ir næchsten mâgen   und ander manegem man,
dâ von der künec Etzel   freude nimmer mêr gewan.

2087 In was des tages zerunnen.   dô gie in sorge nôt.   2024
si gedâhten daz in bezzer wære ein kurzer tôt   (2144)
denne lánge dâ ze quelne ûf ungefüegiu leit.
eines vrídes si dô gerten, die stolzen ríttér gemeit.

2088 Si bâten daz man bræhte den künec zuo in dar.   2025
die bluotvarwen helde   und ouch harnaschvar   (2145)
trâten ûz dem hûse,   die drîe künege hêr.
sin wessen wem ze klagene   diu ír vil grœzlichen sêr.

2089 Etzel unde Kriemhilt die kômen beide dar.   2026
daz lant was ir eigen, des mêrte sich ir schar.   (2146)
er sprach zuo den gesten: „nu saget, waz welt ir mîn?
ir wænet vride gewinnen. daz kunde müelîch gesîn.

2090 Ûf schaden alsô grôzen   als ir mir habt getân.   2027
ir sult es niht geniezen,   sol ich mîn leben hân: (2147)
mîn kint daz ir mir sluoget   und vil der mâge mîn!
vridę unde suone   sol iu vil gar versaget sîn."

2091 Des antwurte Gunther: „des twanc uns grôziu nôt.   2028
allez mîn gesinde   lac vor dinen helden tôt   (2148)
an der herberge.   wie het ich daz versolt?
ich kom zuo dir ûf triuwe,   ich wânde daz du mir wærest holt."

Schließlich werden Hagen und Gunther, die einzigen Überlebenden, von Dietrich von Bern besiegt und als Gefangene vor Kriemhilt geführt.

2101 Dô sprach der junge Gîselher: „vil schæniu swester mîn,   2038
des trûtę ich vil übele,   dô du mich über Rîn   (2158)
ladetes her ze lande   in dise grôze nôt.
wie hân ich an den Hiunen   hie verdíenét den tôt?

2102 Ich was dir ie getriuwe,   nie getét ich dir leit.   2039
     ûf sólhén gedingen   ich her ze hove reit,   (2159)
     daz du mir holt wærest,   vil edeliu swester mîn.
     bedenkę an uns genâde,   ez mac niht ánders gesîn."

2103 „Ine mác iu niht genâden!   ungenâdę ich hân.   2040
     mir hât von Tronege Hagene   sô grôziu leit getân,   (2160)
     ez ist vil unversüenet,   die wîlę ich hân den lîp.
     ir müezet es álle engelten",   sprach daz Etzelen wip.

2104 „Welt ir mir Hagenen einen   ze gísél geben,   2041
     sone wil ich niht versprechen   ich welle iuch lâzen leben, (2161)
     wande ir sît mîne bruoder   und éiner muoter kint.
     sô rédę ich ez nâch der suone   mit disen helden die hie sint."

2105 „Nune wélle got von himele",   sprach dô Gêrnôt.   2042
     „ob unser tûsent wæren,   wir lægen alle tôt,   (2162)
     der sippen dîner mâge,   ê wir dir einen man
     gæben hie ze gîsel.   ez wirdet nímmér getân."

2106 „Wir müesen doch ersterben",   sprach dô Giselher.   2043
     „uns enscheidet niemen   von ritterlîcher wer.   (2163)
     swer gerne mit uns vehte,   wir sîn et aber hie,
     wan ich deheinen mînen friunt   án tríuwen nie verlie."

2107 Dô sprach der küene Dancwart   (im zæme niht ze dagene):   2044
     „jane stét nóch nieht eine   mîn bruoder Hagene.   (2164)
     die hie den vride versprechent,   ez mac in werden leit.
     des bringe wir iuch innen: daz sî iu wærlîch geseit."

2108 Dô sprach diu küneginne: „ir helde vil gemeit,   2045
     nu gêt der stiege nâher   und rechet míniu leit.   (2165)
     daz wil ich immer dienen   als ich von rehte sol.
     der Hagenen übermüete   der gelóne ích im wol.

2109 Lât einen ûz dem hûse   niht komen über al,   2046
     sô heize ich viern enden   zünden an den sal.   (2166)
     sô werdent wol errochen   elliu mîniu leit."
     die Étzélen degene   wurden schíeré bereit.

In neuhochdeutscher Übersetzung

2083 Bevor es Abend wurde, erreichten der König und die Königin, dass die hunnischen Recken es erneut versuchten. Rund zwanzigtausend Mann sah man vor ihnen stehen. Die mussten da alle in den Kampf eintreten.

2084 Da begann eine furchtbare Schlacht gegen die Gäste. Dankwart, der Bruder Hagens, der tapfere Held, sprang von seinen Herren fort den Feinden bis vor die Tür entgegen. Man hielt ihn schon für tot. Aber er kam wohlbehalten wieder aus dem Kampf.

2085 Die furchtbare Schlacht tobte, bis die Nacht sie am Weiterkämpfen hinderte. Da setzten sich die Gäste den Gefolgsleuten Etzels den ganzen langen heißen Sommertag über zur Wehr, wie es sich für treffliche Helden geziemte. Eine Unzahl tapferer Helden lag tot vor ihnen.

2086 Zur Sonnwendzeit geschah das schreckliche Morden, durch das die Herrin Kriemhild ihren bitteren Schmerz an ihren nächsten Verwandten und vielen anderen Männern rächte. So kam es, dass der König Etzel niemals wieder glücklich wurde.

2087 Der Tag war nun vorbei. Da fürchteten sie neue Gefahren. Sie dachten, dass es besser wäre, schnell zu sterben, als sich in der Erwartung maßlosen Leides lange zu quälen. Da baten die stolzen tapferen Ritter um Frieden.

2088 Sie baten, man möge den König holen. Vom Blut rot und schwarz vom Harnisch traten die erhabenen drei Könige aus dem Saal heraus. Sie wussten nicht, wem sie ihre bittere Not klagen sollten.

2089 Etzel und Kriemhild kamen beide heran. Es war ihr eigenes Land. So kam es, dass ihre Schar immer größer wurde. Etzel sagte zu den Gästen : „Nun sagt, was wollt Ihr von mir? Ihr hofft, einen Frieden zu erhalten. Davon kann überhaupt keine Rede sein.

2090 Solange ich mein Leben habe, sollt Ihr keine Schonung erhalten: Ihr habt meinen Sohn erschlagen und viele meiner Verwandten. Nach dem Verlust, den Ihr mir zugefügt habt, muss Euch jeder Friede und jede Sühne versagt bleiben."

2091 Darauf antwortete Gunther: „Dazu hatten wir allen Grund. Alle meine Trossknechte lagen vor deinen Helden tot in der Herberge. Womit hatte ich das verdient? Vertrauensvoll kam ich hierher; ich glaubte, dass du mir gewogen seist."

Schließlich werden Hagen und Gunther, die einzigen Überlebenden, von Dietrich von Bern besiegt und als Gefangene vor Kriemhilt geführt.

2101 Da sagte der junge Giselher: „Meine schöne Schwester, als du mich vom Rhein hierher in diese Bedrängnis geladen hast, da war es falsch von mir, mich darauf einzulassen. Womit habe ich hier bei den Hunnen den Tod verdient?

2102 Ich war dir immer treu, niemals habe ich dir etwas zuleide getan. Edle Schwester, ich ritt hierher an den Hof im Vertrauen, dass du mir gewogen seist. Denke doch daran, dass du uns Gnade gewähren kannst. Anders darf es doch gar nicht sein."

2103 „Ich will euch keine Gnade gewähren! Auch ihr seid mir nicht gnädig gewesen. Mir hat Hagen von Tronje einen so bitteren Schmerz zugefügt, dass es nicht wiedergutzumachen ist, solange ich lebe. Ihr müsst alle dafür bezahlen!" Das sagte die Gemahlin Etzels.

2104 „Wollt Ihr mir Hagen allein als Geisel geben, dann will ich es nicht ausschließen, dass ich euch euer Leben lasse. Schließlich seid ihr meine Brüder, und wir sind die Kinder derselben Mutter. Für den Fall werde ich mit den Helden, die hier bei mir sind, über eine Sühne sprechen!"

2105 „Gott im Himmel möge das verhüten!" sagte da Gernot. „Wenn hier auch tausend aus der Sippe deiner Verwandten wären, eher lägen wir alle tot, als dass wir dir einen einzigen Mann als Geisel übergäben. Das wird niemals geschehen."

2106 „Wir müssen ja doch sterben", sagte da Giselher. „Niemand wird uns von unseren ritterlichen Waffen trennen. Wen es mit uns zu kämpfen gelüstet, der findet uns hier. Denn ich habe noch niemals einem Freunde die Treue gebrochen."

2107 Da sagte der tapfere Dankwart (es hätte sich für ihn nicht geziemt zu schweigen): „Wahrhaftig, mein Bruder Hagen steht nicht allein. Denen, die uns hier einen Frieden versprechen, denen kann es noch sehr schlimm ergehen. Wir werden es euch zeigen. Das wollen wir euch in aller Deutlichkeit sagen."

2108 Da sagte die Königin: „Ihr stolzen Helden, nun geht näher an die Treppe heran und rächt, was man mir angetan hat. Ich werde mich allezeit dafür dankbar erweisen, so wie ich es schuldig bin. Ich werde Hagen schon noch für seinen Frevelmut büßen lassen.

2109 Passt überall auf und lasst keinen aus dem Haus heraus. Dann gebe ich Befehl, den Saal an vier Ecken anzuzünden. So wird alles, was man mir angetan hat, gerächt." Die Recken Etzels waren sofort dazu bereit.

[...]

Der Schluss des Nibelungenliedes

2367 Dô gie diu küneginne   dâ si Hagenen sach.   *2304*
wie rehte fîentlîche   si zuo dem helde sprach: *(2426)*
„welt ir mir geben widere   daz ir mir habt genomen,
sô muget ir noch wol lebende   héim zen Búrgónden komen."

2368 Dô sprach der grimme Hagene: „diu rede ist gar verlorn,
vil edeliu küneginne.   jâ hân ich des gesworn,   *2305*
daz ich den hort iht zeige   die wîle daz si leben,   *(2427)*
deheiner mîner herren,   sô sól ich in níeméne geben."

2369 „Ich bringez an ein ende",   sô sprach daz edel wîp.   *2306*
dô hiez si ir bruoder   némen dén lîp.   *(2429)*
man sluoc im ab daz houbet.   bî dem hâre si ez truoc
für den helt von Tronege.   dô wart im léidé genuoc.

2370 Alsô der ungemuote   sînes hérren houbet sach,   *2307*
wider Kriemhilde   dô der recke sprach: *(2430)*
„du hâst ez nâch dînem willen   zę einem ende brâht,
und ist ouch rehtę ergangen   als ich mir hête gedâht.

2371 Nu ist von Burgonden   der edel künec tôt,   *2308*
Gîselher der junge,   und ouch her Gêrnôt.   *(2431)*
den schaz den weiz nu niemen   wan got unde mîn:
der sol dich, vâlandinne,   immer wol verholn sîn!"

2372 Si sprach: „sô habt ir übele   geltes mich gewert.   *2309*
sô wil ich doch behalten   daz Sîfrides swert.   *(2432)*
daz truoc mîn holder vriedel,   dô ich in jungest sach,
an dem mir herzeleide   von iuwern schúldén geschach."

2373 Si zôch ez von der scheiden,   daz kundę er niht erwern.
dô dâhte sie den recken   des lîbes wol behern.   *2310*
si huop ez mit ir handen,   daz houpt si im ab sluoc.   *(2433)*
daz sach der künec Etzel.   dô was im léidé genuoc.

2374 „Wâfen", sprach der fürste,   „wie ist nu tôt gelegen   *2311*
von eines wîbes handen   der aller beste degen,   *(2434)*
der ie kom ze sturme   oder ie schilt getruoc!
swie vîent ich im wære,   ez ist mir léidé genuoc."

2375 Dô sprach der alte Hildebrand: „ja geníuzet si es niht,
daz si in slahen torste,   swaz halt mir geschiht.   *2312*
swie er mich selben bræhte   in angestlîche nôt,   *(2435)*
iedoch sô wil ich rechen   des küenen Tronegæres tôt."

2376 Hildebrant mit zorne   zuo Kriemhilde spranc,   *2313*
er sluoc der küneginne   einen swæren swertes swanc.   *(2436)*
jâ tet ir diu sorge   von Hildebrande wê.
waz mohte si gehelfen   daz si sô grœzlíchen schrê?

2377 Dô was gelegen aller   dâ der veigen lîp.   *2314*
ze stücken was gehouwen   dô daz edele wîp.   *(2437)*
Dietrich und Etzel   weinen dô began,
si klagten innneclîche   beide mâge únde man.

Der Schluss des Nibelungenliedes in neuhochdeutscher Übersetzung

2367 Da ging die Königin zu Hagen. Mit welchem Hass sagte sie zu dem Helden: „Wenn Ihr mir wiedergebt, was Ihr mir genommen habt, dann könnt Ihr unversehrt ins Burgundenland zurückkehren."

2368 Da sagte der grimmige Hagen: „Spart Euer Reden, edle Königin. Wahrhaftig, ich habe geschworen, dass ich den Hort nicht zeige, solange einer meiner Herren am Leben ist: Solange werde ich ihn niemandem geben."

2369 „Ich erreiche jetzt endlich mein Ziel", sagte die edle Frau. Da ließ sie ihrem Bruder das Leben nehmen. Man schlug ihm den Kopf ab. An den Haaren trug sie ihn vor den Helden von Tronje. Da ergriff ihn wilder Schmerz.

2370 Als der schmerzerfüllte Mann das Haupt seines Herrn erkannte, da sagte der Recke zu Kriemhild: „Wie du es wolltest, hast du jetzt dein Ziel erreicht, und es ist auch alles genauso gekommen, wie ich es mir gedacht habe.

2371 Nun sind der edle König von Burgundenland, der junge Giselher und auch Herr Gernot tot. Jetzt weiß niemand außer Gott und mir, wo der Schatz liegt. Der wird dir, du Teufelin, für immer verborgen bleiben!"

2372 Sie sagte: „Dann habt Ihr mir schlecht vergolten, was Ihr mir schuldig wart. So bleibt mir denn nichts mehr als Siegfrieds Schwert. Das trug mein geliebter Mann, als ich ihn zum letzten Male sah, den ich zu meinem tiefen Schmerz durch Eure Schuld verloren habe."

2373 Sie zog das Schwert aus der Scheide. Er konnte sich dem nicht widersetzen. Da wollte sie dem Recken das Leben nehmen. Sie hob es mit ihren Händen. Den Kopf schlug sie ihm ab. Das sah der König Etzel. Es ging ihm sehr zu Herzen.

2374 „Weh", sagte der Fürst, „wie darf es sein, dass der tapferste Held, der jemals in einer Schlacht stand oder einen Schild trug, jetzt hier von der Hand einer Frau erschlagen liegt. Wie sehr ich ihm auch feind war, das geht mir doch sehr zu Herzen."

2375 Da sagte der alte Hildebrand: „Was mir auch geschieht, es soll ihr nicht durchgehen, dass sie es wagte, den Helden zu erschlagen. Wenn er mich selbst auch in Lebensgefahr brachte, dennoch will ich den Tod des tapferen Tronjers rächen."

2376 In großem Zorn sprang Hildebrand zu Kriemhild. Er versetzte der Königin einen schweren Schlag mit dem Schwert. Sie hatte furchtbare Angst vor Hildebrand. Aber was konnte es ihr helfen, dass sie so gellend schrie?

2377 Da lagen nun alle, denen bestimmt war zu sterben, tot am Boden. Die edle Frau war in Stücke gehauen. Dietrich und Etzel weinten. Sie klagten von Herzen um Verwandte und Gefolgsleute.

Aus: Das Nibelungenlied. Hrsg. und übersetzt von H. Brackert. 2 Bde. Stuttgart: Fischer 1973, S. 262f., S. 2006ff.

1. Beschreiben Sie die Situation, in der sich die Burgunder in der 36. Aventiure befinden.

2. Erläutern Sie, welche Wertvorstellungen und Motive den Handlungen der Personen explizit oder implizit zugrunde liegen.

3. Erläutern Sie anhand des Schlussteils, ob bzw. inwiefern das Geschehen eine Bewertung und Deutung durch den Autor erfährt.

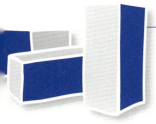

Baustein 4

Mittelhochdeutsche Lyrik

Einführung

Der Begriff der Lyrik bedarf für eine Epoche, in der auch erzählende Texte überwiegend in Versform verfasst wurden, einer kurzen Erläuterung: Unter Lyrik wird hier kürzere, meist sangbare Dichtung ohne eindeutig erzählenden Inhalt verstanden. Bedeutsam für die Literatur des Hochmittelalters und ergiebig für die Beschäftigung im Unterricht sind vor allem die Minnelyrik sowie die Spruchdichtung, die oft gesellschaftskritisch orientiert ist und daher ein höheres Maß an historischem Vorwissen voraussetzt. Demgegenüber erscheint die Liebeslyrik zunächst unmittelbarer, doch ist auch diese geprägt von einer starken Stilisierung, da sie letztlich keine Liebesdichtung im Sinne von Erlebnislyrik ist, sondern zur Unterhaltung höfischer Kreise vorgetragen wurde.

Der Minnesang hat seinen Ursprung in der Troubadourlyrik der Provence (Frankreich), die dann vorbildhaft auf die deutsche Lyrik einwirkte. Im Mittelpunkt des Minnesangs steht die Beziehung zwischen dem Sänger, der zumeist dem niederen Adel entstammte oder ein Ministeriale war, und seiner dem Hochadel entstammenden, meist verheirateten *„frouwe"*. Es konnte hier begreiflicherweise nicht um die Darstellung eines realen Liebesglücks gehen. Stattdessen wird der Minnesang zum Teil des „Frauendienstes" erhoben, zu dem der ideale Ritter verpflichtet war. In diesem erdachten Dienstverhältnis, das der sittlichen Erhöhung des Mannes dienen sollte, wirbt der Mann öffentlich um die Frau, erwartet aber im Regelfall nicht, erhört zu werden. Gestaltet ist dieses Verhältnis nach dem Muster der Lehnsherrschaft: Zentrale Begriffe waren dabei *„triuwe"* (Treue), *„mâze"* (Selbstbescheidung) und *„hoher muot"* (Tapferkeit). Das Wissen um die Unerfüllbarkeit seines Werbens führt zur sogenannten Minneklage, in der der Wunsch nach Erhörung ebenso thematisiert wird wie der Lobpreis der *„frouwe"*. Über die Ursachen und den Zweck dieses auf den ersten Blick merkwürdig erscheinenden gesellschaftlichen Spiels ist viel gerätselt worden. Wahrscheinlich nahmen hier Sänger und Adressatin öffentlich genau festgelegte Rollen ein und führten auf diese Weise vorbildliches Verhalten vor, dem die Zuschauer so weit wie möglich folgen sollten. Auf diese Weise trug der Minnesang auch zur Ausprägung des ritterlichen Verhaltenskodex bei.

Darüber hinaus tritt in Gestalt des Tagelieds, in dem die Liebenden nach einer verbrachten Liebesnacht voneinander Abschied nehmen müssen, da sie keinesfalls entdeckt werden dürfen, eine Lyrik entgegen, die scheinbar in Widerspruch zu den Idealen der hohen Minne steht, doch zur Unterhaltung des Hofes von den gleichen Sängern vorgetragen wurde, die ansonsten die Konzeption der hohen Minne vertraten.

Neben dieser sogenannten *„hohen Minne"* tritt auch die *„niedere Minne"* auf, in der der Minnesänger die beglückende (meist sexuelle) Beziehung zu einem Mädchen niederen Standes pries. Auch diese Lyrik gehorcht gewissen Regeln und beruht nicht notwendigerweise auf eigenem Erleben des Dichters. In Form der Lyrik des späten Walther von der Vogelweide tritt darüber noch die Konzeption der *„ebenen Minne"* auf, die versucht, die beiden gegensätzlichen Positionen zu vereinen. Diese Minneform ist in der Forschung aber nicht unumstritten, da sie als Begriff bei Walther nur ein einziges Mal belegt ist (L 46,32, siehe auch **Arbeitsblatt 17**, S. 99), und selbst da nur im Zusammenhang mit der Werbung um eine Frau und zudem als unerreichbare Utopie.

Unterscheiden lassen sich insgesamt drei Phasen der Entwicklung. In der ersten Phase, dem donauländischen Minnesang (1150–1170), herrschen noch weitgehend Vorstellungen von einer ungekünstelten, auf Gegenseitigkeit beruhenden Liebe, die aber bereits mit standesgebundenen Metaphern und Symbolen besetzt ist. Formales Kennzeichen dieser Phase ist die Verwendung der in der epischen Dichtung verbreiteten Langzeile. Wichtige Dichter dieser Phase sind beispielsweise der Kürenberger oder Dietmar von Aist. In der zweiten Phase (1170–1220) tritt demgegenüber die Konzeption der hohen Minne in den Vordergrund, die von Dichtern wie Friedrich von Hausen oder Heinrich von Veldeke weiter verfeinert und von Heinrich von Morungen und Reinmar in gewisser Weise zum Abschluss gebracht wurde.

Da damit die Grenzen dieser Form des Minnesangs erreicht waren, wandten sich Dichter wie Walther von der Vogelweide von ihr ab und propagierten das Ideal der niederen Minne, das von Walther schließlich zum Konzept der ebenen Minne verfeinert wurde. Die Spätphase des Minnesangs (ab 1220) zeichnet sich durch die Variation des vorhandenen Bild- und Formenmaterials aus, wobei die Ideale des Hohen Minnesangs teilweise karikiert bzw. persifliert wurden. Als Beispiele hierfür können etwa die Werke Neidharts von Reuental oder Ulrichs von Liechtenstein gelten.

Mit dem Namen Walthers verbindet sich auch die Spruchdichtung, da diese von ihm zwischen 1220 und 1230 auf ihren künstlerischen Höhepunkt gebracht wurde. Spruchdichtung gehört zur Gebrauchslyrik und war an weniger Regeln und Konventionen gebunden als der stark ritualisierte Minnesang. Thematisch setzt sich die Spruchdichtung mit religiösen, politischen oder moralischen Themen auseinander und vermittelt oft eine zugespitzte Weisheit.

Die frühesten handschriftlichen Zeugnisse des deutschen Minnesangs stammen vom Ende des 12. Jahrhunderts. Gegen Ende des 13. Jahrhunderts wird der Versuch zu großen „musealen" Lyriksammlungen in Liederhandschriften erkennbar, in denen, nachdem der Minnesang eigentlich als abgeschlossen gelten musste, in einer Art literaturgeschichtlichen Bemühung die als wesentlich empfundenen Werke im Auftrag wohlhabender Privatleute gesammelt wurden. Die berühmteste dieser Liederhandschriften ist der reich bebilderte prächtige „Codex Manesse".

Hinweise zum Einsatz im Unterricht

Dieser Baustein hält sich im Großen und Ganzen an die chronologische Entwicklung des Minnesangs, wobei die herangezogenen Texte jeweils exemplarisch zu verstehen sind. Soll ein Aspekt der Minneethik vertieft werden, so können hierzu die **Zusatzmaterilaiien 11–13** (S. 120ff.) herangezogen werden. Wegen seiner Komplexität und Fremdartigkeit wird es im Unterricht kaum möglich sein, alle Aspekte des Minnesangs und der unterschiedlichen Minnekonzeptionen anhand der Originaltexte zu erarbeiten. Deshalb soll, nachdem in Form des donauländischen Minnesangs ein erster Eindruck gewonnen wurde, ein Verfassertext mit den wesentlichen Kennzeichen des Minnesangs herangezogen werden (**Arbeitsblatt 17**, S. 99). Ähnliches gilt für die Besonderheiten der altdeutschen Metrik, auf die innerhalb des Bausteins vor allem bei der Thematisierung des Falkenliedes des Kürenbergers eingegangen werden soll. Wird eine vertiefte Beschäftigung mit dieser Materie gewünscht, so kann **Zusatzmaterial 6** (S. 115) herangezogen werden, das den Schülern die notwendigen Informationen zur Metrik mittelhochdeutscher Lyrik vermittelt.

Im Falle der Spruchdichtung wurden die erste Sprüche Walthers im „Reichston" ausgewählt, da dieser wegen seines Bekanntheitsgrades und seiner historischen Bedeutung im Sinne des exemplarischen Prinzips am ehesten geeignet erscheinen, einen knappen Einblick in diese Literaturgattung zu ermöglichen.

4.1 Der frühe Minnesang

4.1.1 Der von Kürenberg: Falkenlied

Kurzinterpretation

Das um 1150 herum entstandene Falkenlied des Kürenbergers (**Arbeitsblatt 15**, S. 96f.) gilt nicht zu Unrecht als eines der bekanntesten und virtuosesten Liebesgedichte der deutschen Literatur. Der Dichter ist für uns in der Überlieferung nur als der von Kürenberg bekannt und auch urkundlich nicht eindeutig zu greifen. Auch das in der Manessischen Liederhandschrift unter seinem Namen überlieferte Wappen ist zur Identifizierung nicht brauchbar, da es sich um ein reines Fantasieprodukt des Malers der Illustration handelt und ebenso wenig wie die Darstellung der Personen in dieser Handschrift als Porträt missverstanden werden darf. Unter dem Namen des Kürenbergers sind in der Manessischen Liederhandschrift insgesamt 15 Strophen in zwei Strophenformen überliefert, deren eine identisch mit der Strophenform des Nibelungenliedes ist. Diese auffallende Ähnlichkeit hat schon früh zu der Vermutung geführt, dass der Autor zugleich auch der Verfasser des Nibelungenliedes sein könnte. Diese Auffassung wird heute aber kaum mehr vertreten, da das Falkenlied vermutlich sehr viel früher entstand als das Nibelungenlied (um 1200). Die Gleichheit der Strophenform wird heute vielmehr darauf zurückgeführt, dass diese einer ursprünglich mündlich tradierten Dichtung entstammt. Der Dichter des Falkenliedes griff als „Pionier" deutscher Lyrik also vermutlich auf eine Strophenform zurück, die ihm aus der mündlich tradierten Dichtung bekannt war. Das Lied besteht aus zwei Strophen mit jeweils vier Langzeilen, wobei in jedem Kurzvers drei Hebungen zu verzeichnen sind. Die Strophenform wird durch eine Ausnahme kenntlich gemacht, indem nämlich der Abvers des letzten Verses vier Hebungen aufweist. Hebungen und Senkungen alternieren meist, doch gilt auch hier das Prinzip der freien Taktfüllung. Diese Strophenform, die in einem Gedicht des Kürenbergers auch als *„kürenbergers wîze"* bezeichnet wird, lässt sich schematisch folgendermaßen darstellen:

```
x|x́x|x́x|x́x      ||        x́x|x́x|x́∩
  |x́x|x́x|x́uu  ||   x |  x́x|x́x|x́∩
x|x́x|x́x|x́uu  ||   x |  x́x|x́x|x́∩
x|x́x|x́x|x́x      ||   x |  x́x|—|x́ x|x́ ∩
```

Das Gedicht berichtet auf den ersten Blick aus der Praxis der Falknerei, indem geschildert wird, dass dem lyrischen Sprecher ein Falke, den er mühsam aufgezogen und gezähmt hat, wegfliegt. Später sieht er den Falken, der nach wie vor mit seidenen Riemen geschmückt ist, regelmäßig in Freiheit umherfliegen. Damit könnte die Interpretation bereits als abgeschlossen gelten, wäre da nicht der in diesem Zusammenhang zunächst rätselhaft erscheinende Schlussvers *„got sende sî zesamene, die geliep wellen gerne sîn"* (V. 8). Dieser Schlussvers verbietet, das Gedicht wörtlich zu verstehen, doch ist die moderne Germanistik trotz intensiver Bemühungen noch zu keinem Konsens gelangt, wie die Metaphern dieses Gedichts aufzulösen seien. Im Kern dreht es sich dabei immer darum, wer mit dem Falken gemeint sein könnte und wer sich hinter dem lyrischen Sprecher verbirgt.
Die erste Interpretationshypothese hat Peter Wapnewski in gewisser Weise zu einem Abschluss gebracht.[1] Ihr zufolge handelt es sich bei dem lyrischen Sprecher um eine Frau, die von ihrem Geliebten verlassen wurde, der durch den Falken symbolisiert wird. Diese Interpretationshypothese wird von der Mehrheit der Gelehrten vertreten, doch ist sie nicht unwidersprochen geblieben. Als Beispiel für eine durchaus plausible andere Interpretation sei

---

[1] Wapnewski, Peter: Des Kürenbergers Falkenlied. In: Euphorion 53 (1959), S. 1–19.

hier noch die These Jansens[1] angeführt, der in dem Falken keinen Mann, sondern eine Frau sehen will. Begründet wird dies unter anderem damit, dass die meisten für die Jagd ausgebildeten Falken weibliche Tiere gewesen seien, sodass die uns unpassend erscheinende Gleichsetzung der Frau mit einem Falken für einen Ritter des Mittelalters durchaus plausibel geklungen habe. Zudem geht Jansen auch davon aus, dass ein Wechsel vorliegt, dass also für die erste Strophe von einem männlichen Sprecher auszugehen sei, der ein junges Mädchen erzogen hat, die zweite Strophe aber einem weiblichen Sprecher zuzuordnen sei, da sich hier eine Frau darüber freue, dass das Mädchen nach ihrer Verheiratung ihr Glück gefunden habe. Die hierzu dienende komplizierte Beweisführung kann hier nicht wiedergegeben werden, doch gehen die folgenden Hinweise für die Behandlung im Unterricht davon aus, dass es sich um einen fortlaufenden Bericht handelt und nicht um einen Wechsel. Die Frage des Sprechers und die Aufschlüsselung des Falkenmotivs sollen aber durchaus in der Schwebe belassen und nicht eindeutig aufgelöst werden. Um die Ambivalenz des Falkenmotivs und seine metaphorischen Deutungsmöglichkeiten überhaupt ins Bewusstsein der Schüler zu rücken, soll das Falkenlied des Kürenbergers mit einem Auszug aus dem Nibelungenlied sowie einem weiteren Gedicht des Kürenbergers verglichen werden, die beide einen unterschiedlichen Zugang zu dem Gedicht ermöglichen.

Hinweise für die Behandlung im Unterricht

Da nicht bei allen Schülern vorausgesetzt werden kann, dass Ihnen die Falknerei ein Begriff ist, kann es empfehlenswert sein, mit einer Abbildung aus dem Codex Manesse einzusteigen, das sich, obwohl es Wernher von Teufen zeigt, gut zur Einführung passt (**Zusatzmaterial 5**, S. 114). Sollte ein Beamer o. Ä. zur Verfügung stehen, ist es empfehlenswert, auf eine farbige Darstellung zurückzugreifen, die im Internet etwa unter folgender Adresse abrufbar ist: http://www.nd.edu/~gantho/anth164–353/Werner.image.html (2006)

- *Beschreiben Sie die Abbildung und erläutern Sie, wozu Falken im Mittelalter verwendet wurden und wie dies geschah?*

Die Buchmalerei zeigt ein ausreitendes Paar in recht inniger Umarmung, wobei der Falke, den die Frau auf ihrem ausgestreckten Arm trägt, besonders auffällt. Seine Füße sind mit roten Bändern geschmückt und auf dem Kopf trägt er eine Haube, die ihm die Sicht nimmt. Letzteres soll natürlich das Wegfliegen verhindern. Es ist davon auszugehen, dass zumindest einige Kursteilnehmer mit den Grundzügen der Falkenjagd vertraut sind, sodass eine Erarbeitung zügig erfolgen kann. Im Anschluss daran kann das Gedicht in den Unterricht eingeführt werden. Es empfiehlt sich hierbei, die Paralleltexte aus dem Nibelungenlied sowie das zweite Gedicht des Kürenbergers (Wîp unde vederspil) den Schülern noch nicht auszuhändigen, da hierdurch die (Erst-)Interpretation zu stark in bestimmte Richtungen gelenkt wird.

- *Fertigen Sie eine angemessene neuhochdeutsche Übersetzung des Gedichts an.*
- *Formulieren Sie einen ersten Verständniseindruck des Textes.*

Alternativ kann das Gedicht natürlich (vorzugsweise durch den Lehrenden) vorgelesen werden und die Eindrücke und Interpretationshypothesen können mündlich gesammelt werden. In diesem Falle kann die neuhochdeutsche Übersetzung gegebenenfalls später erfolgen. Sollten die Schüler allzu einseitig darauf beharren, dass es sich um ein Gedicht über Falknerei handelt, so sollte der Lehrende auf den Schlussvers des Gedichts verweisen, um ein Problembewusstsein zu wecken.

---

[1] Jansen, Rudolf K.: Das Falkenlied des Kürenbergers – Eine Arbeitshypothese. Deutsche Vierteljahrsschrift für Literaturwissenschaft und Geistesgeschichte 44 (1970), S. 585–594

Anschließend kann das Gedicht mit den beiden Paralleltexten verglichen werden.

- *Vergleichen Sie das Falkenlied des Kürenbergers im Hinblick auf die verwendete Bildsprache mit den beiden anderen Texten.*
- *Versuchen Sie, ausgehend von diesem Vergleich, eine eigene Deutung des Gedichts.*

Die Ergebnisse können anschließend in folgendem Tafelbild gesichert werden.

Der Falke als lyrisches Motiv

der von Kürenberg: Falkenlied	Nibelungenlied: 1. Aventiure	Der von Kürenberg: wîp unde vederspiel
Aufzucht und Zähmung sowie anschließende Flucht eines Falken	Traum Kriemhilds: Adler zerfleischen Falken	Vergleich der Werbung um eine Frau mit der Zähmung eines Falken
Deutung: Falke symbolisiert eine Frau, die ihren Geliebten verlässt; Lyr. Sprecher: Mann	Deutung der Mutter: Falke symbolisiert edlen Mann, der umgebracht wird	Deutung: Falke symbolisiert die Frau
oder		
Falke symbolisiert einen Mann, der seine Geliebte verlässt Lyr. Sprecher: Frau		

Anschließend kann das Geschlechterverhältnis an dem Falkenlied näher erarbeitet werden:

- *Der überwiegende Teil der Germanisten ist zu dem Schluss gelangt, dass der Falke einen Mann symbolisiert und das lyrische Ich demnach eine Frau ist. Weisen Sie am Text nach, in welchem Verhältnis die Geschlechter zueinander dargestellt werden.*

Es sollte deutlich werden, dass die Liebe auch hier als ein Zähmungsprozess gesehen wird, wobei interessanterweise die Frau diejenige wäre, die den „wilden" Mann zähmt und durch das Anlegen von Schmuck zivilisiert. Zugleich deutet sich aber auch das Scheitern an, da der Falke am Ende der ersten Strophe entfliegt. Ob dies in dem Sinne zu deuten ist, dass der Zähmungsprozess generell gescheitert ist oder ob die in der zweiten Strophe erwähnten seidenen Riemen (V. 6) auf Untreue schließen lassen, bleibt offen.

Die Ergebnisse können wie folgt an der Tafel gesichert werden:

Baustein 4: Mittelhochdeutsche Lyrik

Der von Kürenberg: Falkenlied (um 1050)

Rolle der Frau
- zähmt und schmückt den Mann
- will den Mann nach ihren Wünschen formen
- ➔ übergeordnete Rolle der Frau

Rolle des Mannes
- am Anfang wild und ungestüm
- entzieht sich der Vereinnahmung durch Ortswechsel (andere Frau/Freiheit?)
- ➔ untergeordnete Rolle des Mannes, doch entzieht sich dieser durch Flucht

Falls die Eigenarten der Nibelungenstrophe nicht bereits bei der Besprechung des Nibelungenliedes erfolgt ist, kann die Einführung in die Metrik (mittelhochdeutscher Lyrik mithilfe von **Zusatzmaterial 6** (S. 115) hier erfolgen.

■ *Bestimmen Sie Metrum und Reimschema des „Falkenliedes".*

Die Schüler werden vermutlich nur bewant/lant (V. 3f.) sowie guldin/sin/V. 7f.) als Reime erkennen, doch können Sie an dieser Stelle darauf aufmerksam gemacht werden, dass zumindest die Vokale bei den übrigen Reimwörtern bei unterschiedlichen Konsonanten identisch sind (Assonanzen).

4.1.2 Dietmar von Aist: Slâfest du, vriedel ziere

Einführung und Kurzinterpretation

Es handelt sich bei diesem etwa um 1170 entstandenen Gedicht um das erste deutschsprachige Beispiel für ein Tagelied (**Arbeitsblatt 16**, S. 98). Bei dem Dichter, der in der Manessischen Liederhandschrift als Freiherr aufgeführt ist, handelt es sich wahrscheinlich um ein Mitglied des Geschlechts derer von Aist, die ab 1125 im oberösterreichischen Raum beheimatet waren. Die Lyrik Dietmars stellt zugleich einen Übergang zum klassischen Minnesang dar, da diese bereits merklich von der romanischen Liedkunst beeinflusst ist.

Das Tagelied schildert einen festgelegten Augenblick, in dem die grundsätzlich unverheirateten Liebenden nach einer gemeinsam verbrachten Liebesnacht Abschied voneinander nehmen müssen. Hieraus ergibt sich eine Reihe von Variationsmöglichkeiten, die die Dramatik des Augenblicks (es droht Entdeckung mit allen damit verbundenen Folgen) unterschiedlich gestalten. Die häufigste Form ist hierbei das Wächterlied, in der die Liebenden durch den Ruf des (Nacht-)Wächters geweckt und zum Aufbruch gedrängt werden. Formale Charakteristika sind das Vorliegen eines Dialogs (Wechsel) der beiden Liebenden, der Tagesanbruch, der durch Vogelgesang, den Sonnenaufgang oder den Morgenstern gestaltet wird, sowie die Klage der Liebenden, die als dritte Strophe meist den Abschluss bildet.

Auch das vorliegende Gedicht weist die konventionell dreistrophige Form auf. In der ersten Strophe wird in Form eines Weckrufs durch die Frau zugleich die bedrohliche Situation geschildert, in der sich das Paar befindet: Der Vogel, der sich auf einem Zweig niederlässt, ist der für ein Tagelied typische Natureingang: Durch die Verwendung des Diminuitivs und der Beschreibung des Vogels als *„wol getân"* wird der Situation jedoch viel von ihrer Bedrohlichkeit genommen, sodass das Wecken eher sanft wirkt. Das Erwachen des Mannes, der der Sprecher der zweiten Strophe ist, ist dagegen von Leid geprägt und enthält zudem die typische Minnemaxime, dass Liebe ohne Leid unmöglich sei. Auffallend ist ferner das Versprechen des Mannes, der Frau in allen Belangen gehorchen zu wollen, da diese bereits das

Dienstverhältnis der hohen Minne andeutet. In der letzten Strophe äußert abermals die Frau Emotionen und nennt mit dem Verlust der „fröide" einen höfischen Zentralbegriff.

Das Gedicht sollte in seiner Unmittelbarkeit nur wenig Verständnisprobleme bereiten und zunächst durch den Lehrenden vorgetragen werden. Anschließend können erste Eindrücke gesammelt werden. Es sollte sich dabei ergeben, dass hier ein Paar eine Liebesnacht miteinander verbracht hat, das offenbar nicht miteinander verheiratet ist und daher gesellschaftliche Sanktionen befürchten muss. Trennung bei Tagesanbruch ist für die beiden daher die einzige Möglichkeit. Erkannt werden sollte ferner, dass der lyrische Sprecher zwischen den einzelnen Strophen wechselt. Hieran kann sich folgender Arbeitsauftrag anschließen:

- *Bereiten Sie das Gedicht in Partnerarbeit für einen angemessenen Vortrag vor. Achten Sie hierbei darauf, die jeweilige Stimmung des lyrischen Sprechers besonders zum Ausdruck zu bringen.*
- *Wie wird die Situation gestaltet? Welche Rollen nehmen die beiden Liebenden jeweils ein?*
- *Welche Einstellung zur Liebe wird in diesem Gedicht deutlich?*

Die Ergebnisse können anschließend in folgendem Tafelbild gesichert werden.

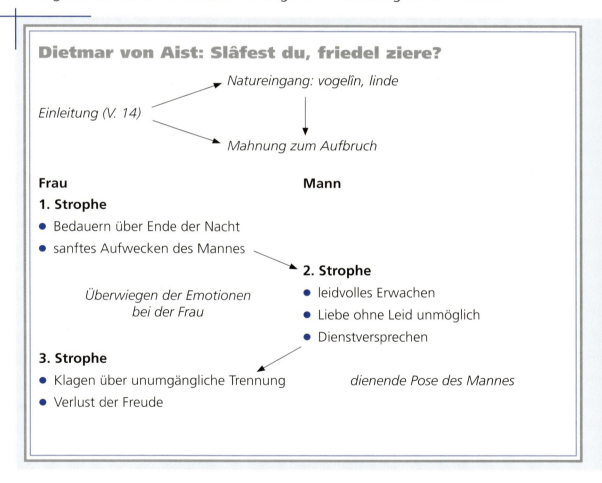

Die in dem Gedicht wie selbstverständlich ausgesprochene Verbindung von Liebe und Leid dürfte den Schülern aus ihrer eigenen Lebenswirklichkeit nicht unbedingt vertraut sein. Zwar dürften die meisten Schüler mit Beziehungskrisen in der einen oder anderen Form bereits Erfahrung gesammelt haben, doch ist gerade dies ja hier nicht gemeint, da am Glück, das das Paar miteinander empfindet, kein Zweifel bestehen kann. Gemeint ist damit hier die

Kluft, die zwischen den gesellschaftlichen Schranken und dem individuellen Glück klafft, da die Ehe, insbesondere im Adel, eben keine Liebesangelegenheit war, sondern politischen Interessen diente.

4.2 Der klassische Minnesang

Hinweise zum Einsatz im Unterricht

Waren bislang das Liebesverständnis und die Geschlechterrollen nur ansatzweise mit in die Betrachtung einbezogen worden, so sollen bei der Betrachtung des klassischen Minnesangs vor allem die unterschiedlichen Minnekonzeptionen erarbeitet werden. Hierzu wurden für die Bearbeitung im Unterricht drei Gedichte ausgewählt, die die unterschiedlichen Minnekonzeptionen, die bereits in der Einleitung zu diesem Baustein kurz vorgestellt wurden, idealtypisch verkörpern: Reinmars *„Ich wirbe umb allez, daz ein man"* als Vertreter der hohen Minne, Hartmann von Aues *„Maniger grüezet mich alsô"* als ein Beispiel der niederen Minne sowie Walther von der Vogelweides *„Die verzagten aller guoter dinge"* als ein Beispiel für die Konzeption der in der Forschung allerdings nicht unumstrittenen „ebenen Minne".

Hierbei ist allerdings kritisch anzumerken, dass die Begriffe „hohe" und „niedere" Minne zeitgenössisch beinahe ebenso schwach belegt sind wie der Begriff der ebenen Minne. Alle wurden letztlich erst durch die im Zeitalter der Romantik einsetzende Forschung geprägt. So muss zumindest fraglich bleiben, inwieweit das von der Germanistik angenommene Ideal der unerfüllten Liebe in der sogenannten „hohen Minne" nicht tatsächlich eine Vorstellung der Romantik darstellt, sodass die von der Forschung teilweise aufwändig konstruierten und gegeneinander abgegrenzten Minnekonzeptionen in dieser Klarheit möglicherweise nie bestanden haben. Daher kann es auch nicht überraschen, dass insbesondere die Abgrenzung zwischen der ebenen und der niederen Minne oft ausgesprochen schwerfällt, da der genaue gesellschaftliche Status der angesprochenen Frau unklar bleibt. Dies zeigt sich insbesondere an Walthers berühmtem Gedicht *„under der linden"*, das auch unter diesem Gesichtspunkt untersucht werden soll. Abgerundet werden soll die Reihe durch die Thematisierung eines Gedichts von Neidhart, das als Beispiel für die *„dörperliche"* Minne dienen soll.

Sollte Zeit für eine vertiefende Beschäftigung mit dem klassischen Minnesang sein, so finden sich bei den Zusatzmaterialien zusätzliche Lieder zu den vorgestellten Minnekonzeptionen, die unter ähnlicher Fragestellung wie die hier ausgewählten Texte bearbeitet werden können (**Zusatzmaterial 11–13**, S. 120ff.).

Methodisch bestehen für den Umgang mit den Materialien zwei Möglichkeiten: Steht nur wenig Zeit zur Verfügung, so können die drei Gedichte auch arbeitsteilig erarbeitet werden. In diesem Falle ist es aber unabdingbar, dass die Schüler zuvor den Informationstext zum Minnesang erhalten haben (**Arbeitsblatt 17**, S. 99), da ihnen ansonsten die notwendigen Voraussetzungen fehlen. Erfolgt die Bearbeitung der Gedichte sukzessive, so kann dieses Arbeitsblatt natürlich auch zu einem späteren Zeitpunkt nachgereicht werden.

Um den Einstieg in die Erarbeitung der unterschiedlichen Minnekonzeptionen für die Schüler zu erleichtern, empfiehlt es sich, von einer Folie mit Darstellungen verschiedener Minnesänger aus der Manessischen Liederhandschrift auszugehen (**Zusatzmaterial 7**, S. 116). Diese Betrachtung soll unter folgendem Aspekt stehen.

■ *Beschreiben Sie diese Abbildungen. Achten Sie besonders auf die Körperhaltung der Figuren und ihr Verhältnis zueinander.*

Im Unterrichtsgespräch sollte sich rasch ergeben, dass einige der Abbildungen auf eine große Vertrautheit und Intimität schließen lassen, während andere von großem Respekt der Frau gegenüber geprägt sind, der gegenüber der Mann geradezu winzig wirkt. Schließen lassen diese Darstellungen auf ein zumindest gleichberechtigtes Verhältnis, einige Darstellungen erwecken sogar den Eindruck weiblicher Überlegenheit.

Die Erarbeitung der Minnekonzeptionen kann mit **Arbeitsblatt 17** (S. 99) unter folgender Fragestellung erfolgen:

■ *Erarbeiten Sie die wesentlichen Merkmale des Minnesangs. Stellen Sie dabei auch seine Entwicklung heraus.*

Die Ergebnisse können anschließend in folgendem Tafelbild gesichert werden:

Der Minnesang

- höfische Liebesdichtung aus dem 12.–14. Jh., die von meist aus dem Ritterstand stammenden Sängern bei Hof öffentlich vorgetragen wurde

hohe Minne	**niedere Minne**
wendet sich an eine aus dem Hochadel stammende, adelige „frouwe"	wendet sich an eine Frau niedrigeren Standes
Teil des Frauendienstes in Analogie zum Lehnsdienst (dienst und triuwe des Sängers)	zielt auf Erfüllung und sexuelle Befriedigung
Gegenleistung der Frau wird nicht erwartet ➔ Minneklage	enthält Kritik an der Künstlichkeit der hohen Minne Minne

---

Zur Sicherung der Ergebnisse und zur Vorstellung der in der Forschung durchaus kontrovers dikutierten Konzeption der „ebenen Minne" soll anschließend noch das auf dem Arbeitsblatt 17 (S. 100) befindliche berühmte „Programmgedicht" Walthers *„Aller werdekeit ein füegerinne"* unter folgender Fragestellung herangezogen werden.

■ *Welche Arten des Werbens und der Minne unterscheidet Walther und wie bewertet er sie?*

Walther wendet sich in diesem vielbeachteten Gedicht gegen die *„unmaze"* (V. 11), die ihn zum falschen Werben um Frauengunst bewogen habe. Zu dieser zählen laut Walther sowohl die hohe als auch die niedere Minne, jeweils aus verschiedenen Gründen: So veredele die hohe Minne zwar den Menschen und führe zu, dass sich das Herz aufschwinge, doch rufe sie ebenso nicht näher spezifiziertes Leid hervor. Die niedere Minne hingegen bringe nur wertlose Lust mit sich und mache zudem ehrlos. *„Frowe mâze"* hingegen lehre den Sprecher *„ebene werben"* (V. 7). Wie dieses genau aussieht, bleibt unklar, doch macht eigentlich nur eine Synthese aus den beiden Minnekonzeptionen wirklich Sinn, also eine auf Gegenseitigkeit und Respekt beruhende, erfüllte Liebe. Zu beachten ist aber auch, dass das Gedicht gegen Ende einen recht resignativen Zug annimmt, da die *„herzeliebe"* ihn alle guten Vorsätze vergessen zu lassen droht, sodass offen bleiben muss, ob dieser Text die in ihn hineininterpretierte neue Minnekonzeption wirklich hergibt.

Diese Ergebnisse können schematisch folgendermaßen dargestellt werden:

> **Walther von der Vogelweide: Aller werdekeit ein füegerinne**
>
> *Hohe Minne*
> - veredelt, aber führt auch zu Leid, da unerfüllt
>
> *Niedere Minne*
> - ist erfüllt, doch macht ehrlos und bringt nur wertlose Freude
>
> *Ebene Minne*
> - erfüllte, auf Respekt und Gegenseitigkeit beruhende Liebe (?)

4.2.1 Reinmar der Alte: Ich wirbe umbe allez, daz ein man

Einführung und Hinweise für den Einsatz im Unterricht

Reinmar (um 1160 – vor 1210) war einer der berühmtesten Minnesänger, über dessen Person aber nur wenig bekannt war. Selbst der Name von Hagenau, der ihm oft beigelegt wird, ist aus dem Literaturexkurs in Gottfried von Straßburgs „Tristan und Isolde" erschlossen, wo Gottfried unter den „Nachtigallen" einen „von Hagenowe" nennt. Selbst diese Ortsangabe lässt aber offen, auf welches Hagenau es sich bezieht. Aufgrund mehrerer Anspielungen in seinem Werk meint man aber erschließen zu können, dass er im Auftrag des Babenberger Hofes in Wien gedichtet hat. Er gilt als der bedeutendste Dichter der hohen Minne, wenngleich der genaue Umfang seines Werkes nicht mehr zu bestimmen ist. In den Handschriften sind 53 Lieder unter seinem Namen überliefert, 29 weitere sowohl unter seinem als auch unter anderem Namen. Bekannt geworden ist noch der Dichterstreit mit Walther von der Vogelweide, in dem es um die rechte Minnekonzeption ging und aus dessen Zusammenhang auch das vorliegende Gedicht stammt.

Das hier ausgewählte Gedicht (**Arbeitsblatt 18**, S. 101f.) preist den unbeschreiblichen Wert der angebeteten Frau und kann daher als geradezu typisches Beispiel für ein Lied der hohen Minne gelten. Die erste Strophe kennzeichnet die Grundsituation und preist die Tugendhaftigkeit der Angebeteten. In der zweiten Strophe deutet Reinmar einen Zwiespalt seiner Liebe an, der jedoch in der Formulierung der „süezen arbeit" (V. 15) aufgelöst wird. Die dritte Strophe enthält mit dem gedachten Motiv des Kussraubs und seiner möglichen Konsequenzen ein neues, scheinbar nicht der hohen Minne zugehöriges Element, das jedoch mit der Betonung der Einseitigkeit der Liebe in der vierten Strophe teilweise wieder relativiert wird und in eine Minneklage übergeht. Die letzte Strophe betont die Unverbrüchlichkeit der Treue des lyrischen Ich und seine Bereitschaft zu stetem Minnedienst.

Formal ist bei diesem Gedicht die Abfolge von Kreuz-, Paar- und Haufenreim in jeder Strophe auffallend, wobei diese formale Auffälligkeit inhaltlich ihre Entsprechung hat: Die Kreuzreime zu Beginn jeder Strophe stellen meist eine Ausgangssituation dar, aus der mit den Paarreimen eine Schlussfolgerung gezogen wird. Der abschließende Haufenreim bündelt wiederum den zentralen Gedankengang der Strophe.

Das Gedicht entstammt wie bereits erwähnt der Minnefehde mit Walther von der Vogelweide und findet in dessen Gedicht *„Ein man verbiutet âne pfliht"* seine Entsprechung, die sich in dem von beiden Dichtern in unterschiedlichen Zusammenhängen verwandten Bild des

Mattsetzens sowie im Motiv des Kussraubs zeigt. Auch Wolfram von Eschenbach scheint im Parzival auf dieses Gedicht anzuspielen, indem er den Frauenpreis des Mattsetzens aller anderen Frauen als unpassend zurückweist (Parzival, V. 115,5ff.).
Im Folgenden soll das Gedicht allerdings vor allem im Hinblick auf das Bild der Frau und das zugrunde gelegte Verhältnis der Geschlechter hin untersucht werden.

- *Weisen Sie möglichst genau am Text nach, welches Bild das lyrische Ich von der von ihm verehrten Frau zeichnet, welche Empfindungen es hat und welches Verhältnis zwischen beiden besteht.*

- *Untersuchen Sie die erste Strophe im Hinblick auf die Bezeichnungen, die das lyrische Ich für die geliebte Frau verwendet, und vergleichen sie diese mit dem heutigen Sprachgebrauch.*

Die zu erwartenden Ergebnisse entsprechen im Hinblick auf das Frauenbild und das Verhältnis zwischen Sänger und edler Frau genau dem Bild der hohen Minne, das in folgendem Tafelbild gesichert werden kann.

Die Bearbeitung der zweiten Aufgabe dient dazu, den Schülern einen Einblick in die Entwicklung von Wortbedeutungen und den Ursachen für ihre Veränderungen aufzuzeigen. Es dürfte erkennbar sein, dass Reinmar das für uns wertneutral erscheinende frowe im Sinne der edlen, das heißt adeligen Frau verwendet, während das für uns herabsetzend klingende „wîp" im Mittelhochdeutschen offenbar die wertneutrale Bedeutung hat, die für uns das Wort Frau besitzt. Diese Entdeckung kann zum Anlass genommen werden, die Entwicklung des Wortfeldes Frau einmal genauer zu untersuchen. Möglich ist hierbei zum einen, einen Schüler den Sachverhalt als Referat erläutern zu lassen, wobei man ihm das notwendige Material zur Vorbereitung, etwa den dtv-Atlas für deutsche Sprache, empfehlen oder zur Verfügung stellen sollte. Andernfalls kann den Schülern die Entwicklung auch verdeutlicht werden, indem ihnen die wichtigsten mittelhochdeutschen Bezeichnungen aus dem Wortfeld „Frau" und ihre Übersetzungen an der Tafel oder auf Folie präsentiert werden.

Das Wortfeld „Frau" im Mittelhochdeutschen

frouwe (hochadelige Frau)

jungfrouwe (unverheiratete, hochadelige Frau)

wîp (wertneutrale Bezeichnung für Frau)

maget (unverheiratete Frau, auch: Dienerin)

dierne (unverheiratete Frau, Mädchen)

Frühneuhochdeutsch

dame (seit dem 16. Jh.: adelige, sozial hochstehende Frau)

Hieran könnte sich folgender Arbeitsauftrag anschließen:

- *Bestimmen Sie möglichst genau die heutige Bedeutung der mittelhochdeutschen Wörter.*
- *Wie erklären Sie sich die Bedeutungsveränderung?*

Hierbei sollte sich rasch ergeben, dass die angegebenen Wörter überwiegend einen Bedeutungsverfall erlitten haben. Im Grunde scheinen alle Bezeichnungen eine Stufe tiefer gerutscht zu sein, was auch das Auftreten der Bezeichnung Dame für die sozial hochstehende Frau im 16. Jahrhundert zeigt. Mittlerweile ist aber selbst diese Bezeichnung zu einer höflichen Anrede für alle Frauen geworden, unabhängig von ihrem sozialen Status. Diese Tendenz lässt sich in folgendem Tafelbild verdeutlichen:

Die Entwicklung des Wortfeldes „Frau" vom Mittelhochdeutschen zum Neuhochdeutschen

Mhd.	Nhd.
	Dame (Frz. seit 16. Jh.)
frouwe (Adelige)	⟶ Frau
wîp („Frau")	⟶ Weib (pejorativ)
maget (junge Frau, Dienerin)	⟶ Magd, Dienerin
dierne (Mädchen)	⟶ Dirne (Prostituierte)

➜ *Tendenz zur Bedeutungsverschlechterung aufgrund des Höflichkeitsgebotes*

Die Gründe für die Bedeutungsverschlechterung werden von den Schülern möglicherweise in einer Frauenfeindlichkeit gesucht werden, wobei sich bereits bei der Besprechung des Reinmar-Gedichts gezeigt haben dürfte, dass davon keine Rede sein kann. Tatsächlich verhält es sich genau umgekehrt: Gerade der inflationäre Gebrauch der eigentlich für höhere Schichten reservierten Bezeichnungen führte zu ihrer Entwertung und damit zur Bedeutungsverschlechterung, sodass schließlich im 16. Jh. mit „Dame" ein neues Wort zur Bezeichnung sozial hochgestellter Frauen aus dem Französischen entlehnt werden musste.

4.2.2 Hartmann von Aue: „Maniger grüezet mich alsô"

Einführung und Hinweise für den Einsatz im Unterricht

Hartmann von Aue (gest. um 1220) war nach eigener Aussage Ritter und Ministerialer. Ob seine Familie mit einem aus dem Breisgau stammenden Ministerialengeschlecht von Aue identisch ist, muss offenbleiben. Die spärlichen Informationen über sein Leben stehen in Widerspruch zu seiner großen Bedeutung in der mittelalterlichen Literatur und zu seinem umfangreichen Werk. Bekannt geworden ist Hartmann vor allem durch seine Verserzählungen, von denen zwei der Artussage entspringen (Iwein, Erec) und zwei kleinere legendenhafte Erzählungen sind (Der arme Heinrich, Gregorius). Ebenso ist er auch als Verfasser einer Minnelehre und verschiedener Minnelieder in Erscheinung getreten.

Das vorliegende, in der Forschung auch als „Unmutsgedicht" bekannte Minnelied (**Arbeitsblatt 19**, S. 103) stellt eine der frühesten Absagen an die Ideologie der hohen Minne dar und ist als solches bemerkenswert. Bereits in der ersten Strophe des dreistrophigen Gedichts beantwortet das lyrische Ich die Aufforderung durch andere, nach adeligen Damen Ausschau zu halten, mit dem Wunsch, in Ruhe gelassen zu werden, da er vor den Damen nicht anders könne, als „müede" vor ihnen zu stehen. „Müede" kann hier sowohl die Bedeutung von ‚trübsinnig' als auch von ‚gelangweilt' bzw. ‚lustlos' haben, wodurch der klassischen Minnekonzeption des Dienstes bereits eine radikale Absage erteilt wird. In der zweiten Strophe folgt die Begründung für dieses Verhalten, indem Hartmann postuliert, dass Liebe auf Gegenseitigkeit beruhen müsse und die Chance, erhört zu werden, nur bei „armen wiben" bestehe. Die Bedeutung des Wortes arm ist in diesem Zusammenhang nicht vollständig klar. In jedem Falle ist gesichert, dass damit eine Frau niederen Standes gemeint sein muss, andererseits muss das Wort arm auch nicht wörtlich verstanden werden, es muss sich also auch nicht um ein Mädchen aus der Unterschicht handeln. In der dritten Strophe folgt noch einmal eine Begründung, indem Hartmann die Zurückweisung durch eine adelige Dame schildert und diese Art der Behandlung ablehnt.

Das Gedicht eignet sich gut dazu, von den Schülern schriftlich interpretiert und mit dem Gedicht Reinmars verglichen zu werden. Dies kann unter folgender Fragestellung geschehen:

- *Analysieren und interpretieren Sie das Gedicht „Maniger grüezet mich alsô" von Hartmann von Aue.*

- *Vergleichen Sie sein Frauenbild und sein Bild von Minne mit der Konzeption, die in dem Gedicht von Reinmar deutlich geworden ist.*

Die sich ergebenden Unterschiede können anschließend in folgendem Tafelbild festgehalten werden.

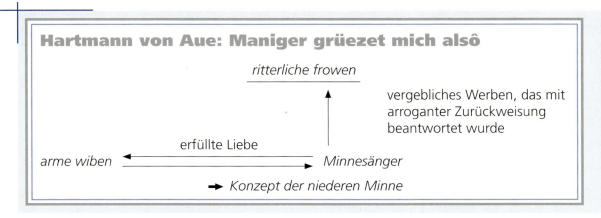

Die Gründe, warum eine erfüllte Liebe bei Frauen niederen Standes eher möglich war, sind aus dem Gedicht nur zu erschließen. Wahrscheinlich ist, dass es beim Konzept der niederen Minne eher um sexuelle Befriedigung ging, die in der ritualisierten und vergeistigten Beziehung zu einer verheirateten adeligen Frau natürlich niemals möglich war.

4.2.3 Walther von der Vogelweide: Die verzagten aller guoter dinge

Einführung und Hinweise für den Einsatz im Unterricht

Obwohl über Walthers (ca. 1170–ca. 1230) Biografie mehr bekannt ist als über die vieler anderer mittelalterlicher Dichter, bleibt doch vieles im Dunkeln. So ist beispielsweise sein Geburtsort nicht mit Sicherheit zu bestimmen, da die Ortsbezeichnung Vogelweide im Mittelalter sehr häufig war. Jedoch lässt der Name schließen, dass Walther nicht dem höheren Adel angehörte, der sich meist nach Burgen o. Ä. benannte, sondern aus dem Stand der Ministerialen. Dass er vermutlich Berufsdichter war, lässt sich aus dem einzigen historischen Zeugnis über ihn schließen: Im Reiserechnungsbuch des Passauer Bischofs Wolfger von Erla ist unter dem 12.11.1203 vermerkt, dass dem „cantor Walther von der Vogelweide fünf Schillinge für einen Pelzrock" ausgehändigt wurden. Die Bezeichnung cantor weist dabei am ehesten auf einen fahrenden Sänger hin, der an verschiedenen Höfen seine Kunst darbot. In die Zeit kurz vor seinem Tod fällt ein Ereignis, das Walther selbst in einem seiner Sprüche feiert, die Belehnung durch Friedrich II. Ob es sich dabei um ein Geldgeschenk oder um ein Landgut in der Nähe von Würzburg handelte, wie vielfach gemutmaßt wurde, ist nicht mehr zu ermitteln.

Walther hat mit insgesamt über 500 Strophen ein außergewöhnlich umfangreiches lyrisches Werk hinterlassen. Trat er in jüngeren Jahren vor allem als Minnesänger in Erscheinung, so verlagerte sich seine Tätigkeit im Alter auf die politisch geprägte Spruchdichtung.

In diesem Gedicht (**Arbeitsblatt 20**, S. 104), das als typischer Vertreter der von Walther propagierten ebenen Minne gelten kann, thematisiert Walther das Verhältnis des lyrischen Ich zu seiner Geliebten. Das Neuartige ist hierbei, dass er sich bemüht, zwei im Kern widersprüchliche Arten von Beziehungen miteinander zu vereinen: Die geliebte Frau soll zugleich „frowen" und „friundin", also Herrin und Geliebte sein. Damit ist hier zugleich ausgedrückt, dass nicht die erfüllte Liebe zwischen einem Ritter und einer Frau aus dem einfachen Volk gemeint sein kann, sondern eine Liebe, bei der Standesgrenzen keine Rolle mehr spielen.

Das Gedicht beginnt mit dem Hinweis Walthers auf den Zustand der Mutlosigkeit vieler Minnesänger, was zunächst auf eine Minneklage im konventionellen Stil der hohen Minne schließen lässt, doch grenzt sich das lyrische Ich bereits am Schluss dieser Strophe von den Klagenden ab, indem es bemerkt, auf Erhörung seines Flehens hoffen zu können. Auch das mit dem Konzept der hohen Minne verbundene Leid greift Walther in der zweiten Strophe auf, doch will nicht er leiden, sondern die anderen sollen neidisch auf sein Liebesglück sein. In der dritten Strophe vereint Walther wie bereits erwähnt die beiden Konzeptionen der hohen und der niederen Minne, indem er die Herrin und die Geliebte in einer Person vereinigt sehen will, wobei er jedoch die Herrin klar über die Geliebte stellt (V. 18). Die vierte Strophe dient neben der nochmaligen Bekräftigung dieses neuartigen Verhältnisses durch Wiederholung auch dazu, die Gegenseitigkeit hervorzuheben, indem die Frau den Geliebten als Geliebter und Freund („friunt und geselle", V. 23) bezeichnen soll. Auffällig ist hierbei, dass Walther das zu erwartende Pendant zu „frouwe", nämlich „man", das das Dienstverhältnis zwischen den Partnern ausdrücken würde, durch das Gleichberechtigung ausdrückende „geselle" ersetzt hat. Gerade hierdurch wird die Bedeutung des Begriffs ebene Minne besonders deutlich, indem nämlich das Dienstverhältnis in der Beziehung zurückgedrängt wird.

Auch dieses Gedicht kann im Unterricht unter dem Aspekt des Verhältnisses zwischen dem Sänger und der „frouwe" interpretiert werden.

■ *Weisen Sie am Text nach, welches Bild das lyrische Ich von der von ihm verehrten Frau zeichnet, welche Empfindungen es hat und welches Verhältnis zwischen beiden besteht.*

Das Ergebnis kann anschließend in folgendem Tafelbild gesichert werden:

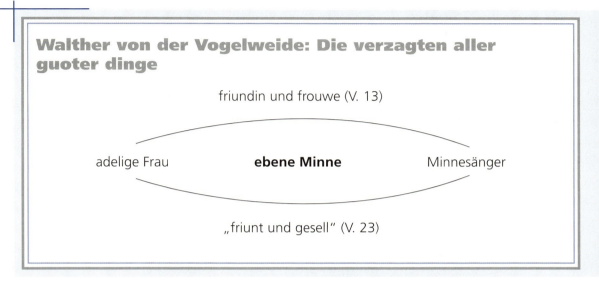

4.2.4 Walther von der Vogelweide: Under der linden

Einführung und Hinweise für den Einsatz im Unterricht

„Under der linden" ist ohne Zweifel nicht nur das bekannteste Lied Walthers, sondern das berühmteste deutschsprachige Minnelied überhaupt. Umso überraschender mag erscheinen, dass es trotz dieser Berühmtheit und des damit verbundenen großen Interesses von Interpreten bislang keinen Konsens darüber gibt, wie dieses Gedicht zu interpretieren ist.
In formaler Hinsicht zumindest besteht Einigkeit: Zwei dreizeilige Stollen bilden den Aufgesang, drei Zeilen den Abgesang, wobei sich die Refrainzeile in der Mitte befindet. Die beiden ersten Stollen enden weiblich-klingend, die letzte stumpf-männlich. Es reimen jeweils die ersten, zweiten und dritten Zeilen der Stollen miteinander, sodass ein erweiterter Kreuzreim entsteht. Der Abgesang zeigt nur männliche Zeilenschlüsse, der Reim umrahmt die alleinstehende Weise „tandaradei".
Klar ist, dass es sich um einen Frauenmonolog über erfüllte Liebe handelt, das an die romanische Pastourelle angenähert ist: Erzählt wird in der Form des Rückblicks von einer Liebesbegegnung in einer bukolischen Landschaft. Das Gedicht beginnt mit der Beschreibung eines *locus amoenus* (linden, heide, blumen, tal, wald, nahtegal), eines schönen und von der Gesellschaft abgelegenen Ortes, der Schauplatz der Begegnung der beiden Liebenden ist. Dass es sich um eine erotische Begegnung handelt, wird durch das Motiv der gebrochenen Blume, das traditionell für die Entjungferung steht, dezent angedeutet. Der Refrain greift hierbei vermutlich den Gesang der Nachtigall auf. In der zweiten Strophe wird überhaupt erst klar, dass es sich bei dem lyrischen Ich um eine Frau handelt, die vom Empfang durch ihren „friedel" (V. 12) berichtet. Zugleich hat diese Strophe auch zu den meisten Interpretationskontroversen geführt, da die Deutung des „hêre frouwe" (V. 14) umstritten ist. Zwei Interpretationsansätze haben sich hierbei als dauerhaft erwiesen:

1. Es könnte sich um einen Ausruf der Frau und eine Anrufung der heiligen Jungfrau handeln und wäre demnach als Ausdruck der überwältigenden Freude über das Erlebte zu verstehen. Als Einwand gegen dieses Verständnis ließe sich hervorbringen, dass es in der mit-

telhochdeutschen Literatur keinen weiteren Beleg für einen solchen Ausruf gibt. Dies muss eine solche Deutung aber nicht ausschließen.
2. Es könnte sich zum anderen um die Anrede des Mannes bei der Begrüßung seiner Geliebten handeln. Dies führt zu zwei unterschiedlichen Möglichkeiten der Beantwortung der Frage, welchem Stand das Mädchen angehört: Die zum Ausdruck gebrachte Freude im Anschluss an die Begrüßung könnte auf ein Mädchen niederen Standes hinweisen, das sich über die unerwartete Aufwertung freut. Von dieser Deutung ist es nicht allzu weit zu der Charakterisierung des Mädchens als „foolish empty-headed goose"[1], da es offensichtlich auf die Verführungstaktik des Ritters hereingefallen ist. Das vermeintlich unmittelbarste Liebesgedicht der mittelalterlichen Literatur würde sich nach dieser Interpretation als ein abgeschmackter Witz entpuppen, mit dem sich ein (männlicher) Minnesänger und sein höfisches Publikum über die Dummheit und Verführbarkeit eines Bauernmädchens lustig machen. Interpreten dieser Richtung weisen das Gedicht denn auch eindeutig der Konzeption der niederen Minne zu.

Ebenso könnte sich diese Freude aber auch auf das Wiedersehen mit dem Geliebten beziehen, wodurch es sich bei dem Mädchen auch um eine Adelige handeln könnte. In diesem Falle wäre das Gedicht am ehesten dem Konzept der ebenen Minne zuzuweisen, da eine gleichberechtigte, erfüllte Liebe angedeutet zu sein scheint.

Zugleich wird in der zweiten Strophe auch der erotische Gehalt weiter verdeutlicht, da der rote Mund als stärkstes erotisches Signal galt. Dass dieser „auf natürliche Weise" durch das Küssen rot geworden ist, zeigt, dass die Frau hier durch die Liebe des Mannes schön wird. Die vierte Strophe stellt einen Bezug zur Gesellschaft her, indem die Notwendigkeit der Geheimhaltung betont wird. Diese scheinbare Ernsthaftigkeit wird jedoch sofort durch den Hinweis, dass der einzige Mitwisser – die Nachtigall – gewiss verschwiegen ist, sofort wieder ins Spielerisch-Leichte gewendet.

Das Gedicht (**Arbeitsblatt 21**, S. 105) sollte zunächst durch den Lehrer vorgetragen werden. Wegen des recht geringen sprachlichen Schwierigkeitsgrades ist es durchaus möglich, es anschließend zunächst durch die Schüler übersetzen zu lassen.

■ *Übersetzen Sie das Gedicht in ein angemessenes Neuhochdeutsch.*

Sollten Schwierigkeiten auftreten, kann der Lehrende selbstverständlich einige Hilfen geben, wie etwa *friedel = Geliebter* o. Ä. Es sollte darauf geachtet werden, dass die zentrale Formulierung „hêre frouwe" zunächst möglichst neutral, etwa mit „erhabene Herrin (adelige Frau)" übersetzt wird. Bei der Besprechung kann der Lehrende dann auf die verschiedenen Verständnismöglichkeiten hinweisen bzw. entsprechende Hypothesen von den Schülern aufstellen lassen. Sollte auf die Übersetzungsübung verzichtet werden, so kann mit dem Hinweis auf dem Arbeitsblatt gearbeitet werden. Im Folgenden kann das Gedicht dann auf textanalytischem Weg erarbeitet werden.

■ *Wie wird der Ort der Liebesbegegnung beschrieben?*

■ *In welchem Verhältnis stehen die Liebenden zueinander und zur Gesellschaft?*

■ *Welcher Minnekonzeption zählen Sie dieses Gedicht zu? Beachten Sie, inwiefern die Beantwortung dieser Frage von der für Vers 14 gewählten Übersetzung abhängt.*

---

[1] Jackson: The medieval Pastourelle as a satirical genre. In: Philological Quaterly 31 (1952), S. 158–170, hier S. 167

Die Ergebnisse können anschließend in folgendem Tafelbild gesichert werden

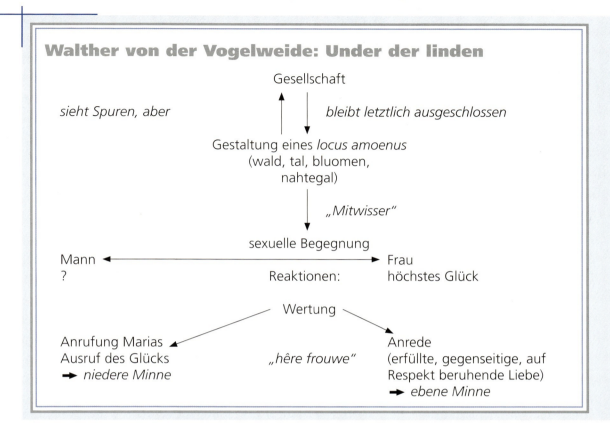

Zum Abschluss der Beschäftigung mit Minnelyrik kann es eine reizvolle Beschäftigung sein, sich mit einem Gedicht Neidharts von Reuental auseinanderzusetzen, dessen „dörperliche" Minne letztlich schon eine Parodie auf den klassischen Minnesang darstellt.

Neidhart von Reuental war vermutlich Ministeriale oder Ritter und war etwa seit 1215 literarisch tätig. Gestorben ist er vermutlich vor 1246. Die Besonderheit seiner Lieddichtung besteht in der Übertragung von Grundsituationen des Minnesangs in das gänzlich unhöfische bäuerliche Milieu. Zwar ist auch hier der Liebhaber meist ein Ritter, doch wirbt er um Bauernmädchen und muss sich zudem oft genug der Konkurrenz durch die Dorfjugend erwehren, der er nicht selten unterliegt. Dieser Zusammenprall von höfischen Umgangsformen und der oft derben Ausdrucksweise der Bauern waren auch der Grund dafür, dass Walther von der Vogelweide die Lyrik Neidharts scharf ablehnte.

Bei den Liedern lassen sich zwei Grundtypen feststellen, das Sommer- und das Winterlied. In den Winterliedern werden oft Tanzszenen in Bauernstuben mit zum Teil derben Ereignissen wie Schlägereien o. Ä. geschildert. Der Ritter („Neidhart") tritt hier meist als erfolglos Werbender auf.

In den Sommerliedern ist der Ritter meist Ziel der Sehnsucht eines Bauernmädchens, das sich in der warmen Jahreszeit nach Tanzabenden sehnt. Die Gedanken des Mädchens werden oft durch die Warnungen der Mutter, sich von Rittern fernzuhalten und sich lieber einen anständigen Ehemann zu suchen, unterbrochen, was oft zu einem heftigen Streit führt. Auffallend ist beim zweiten Typus auch, dass die im klassischen Minnesang dem Manne vorbehaltene Rolle des Werbenden hier von der Frau ausgefüllt wird. Der Text (**Arbeitsblatt 22**, S. 106) kann entweder schriftlich als Übungsklausur bearbeitet oder folgendermaßen in den Unterricht einbezogen werden:

■ *Vergleichen Sie dieses Gedicht im Hinblick auf die Grundsituation und ihre Ausgestaltung mit dem Gedicht „Under der linden" von Walther von der Vogelweide.*

Gleich ist beiden Texten der (konventionelle) Natureingang. Auch die Vorfreude des Mädchens auf das Treffen mit einem Ritter ist noch als traditionell zu bezeichnen, doch spätestens mit den Worten der Mutter (V. 31ff.), die eine deutliche Warnung vor den gesellschaftlichen Folgen beinhalten, schlägt Neidhart andere Töne an. Zwar findet sich ein entsprechender Hinweis auch bei Walther, doch wird ihm dort durch den Hinweis auf die Verschwiegenheit der Nachtigall viel von seiner Bedrohlichkeit genommen. Neu ist ferner die Umkehrung der Minnesituation: Das Mädchen traut sich selbstbewusst zu, mit dem Ritter fertigzuwerden, und lehnt die Werbung eines Meiers mit recht derben Worten ab. Trotz der möglichen gesellschaftlichen Konsequenzen sieht das Mädchen keine Veranlassung, die Verbindung geheim zu halten. Insgesamt sollte sich zeigen, dass Neidhart an zahlreichen Stellen mit den Konventionen der Minnelyrik bricht.

4.3 Walther von der Vogelweide: Ich saz ûf eime steine

Einführung und Hinweise für den Einsatz im Unterricht

Walther hat die Spruchdichtung in ihre hochhöfische Form gebracht, indem er den Strophenbau nach dem Vorbild der Minnelyrik gestaltete. Diese sogenannten „Töne", die die mit dem Strophenbau zusammenhängende Singweise bezeichnen, wurden immer wieder variiert, wenngleich einige Töne durchaus mehrfach benutzt werden konnten. Bei dem vorliegenden Gedicht handelt es sich um den ersten Spruch im „Reichston" (**Arbeitsblatt 23**, S. 108), so genannt, weil alle drei in diesem Ton gedichteten Sprüche sich mit dem Zustand des Heiligen Römischen Reiches Deutscher Nation befassen, in den dieses durch die um 1200 herrschenden Thronstreitigkeiten geraten war. Eine Einheit bildeten diese auch durch den ähnlichen Aufbau, der sich besonders im Beginn *(Ich saz/Ich horte/Ich sach)* sowie in den beschwörenden Schlussappellen zeigt. Zur besseren Verdeutlichung des historischen Kontextes kann es empfehlenswert sein, ein Referat zur Biografie Walthers sowie zur politischen Situation um 1200 zu vergeben. Alternativ können die wesentlichen Informationen aber auch mit **Zusatzmaterial 10** (S. 119) erarbeitet werden.

1197 war Heinrich VI., der Sohn Barbarossas, ohne mündigen Erben gestorben. Sein Sohn, der spätere Kaiser Friedrich II. (1215–1250), war beim Tod seines Vaters erst drei Jahre alt. Das Streben der deutschen Fürsten nach möglichst großer Souveränität ihrer sich herausbildenden Territorialstaaten führte zu einer schweren Krise.

Ein Teil der deutschen Fürsten wählte im März 1198 Philipp von Schwaben, den Bruder Heinrichs VI., zum deutschen König, woraufhin die Gegner der Staufer unter Führung des Erzbischofs von Köln im Juni 1198 Otto, den Sohn Heinrichs des Löwen, zum Gegenkönig erhoben. Der nun ausbrechende Krieg zwischen den Rivalen zog sich bis zur Ermordung Philipps im Jahre 1208 hin, erst dann wurde Otto (IV.) auch vom Stauferanhang anerkannt. Auch das Papsttum wurde auf dem Höhepunkt in die Auseinandersetzung hineingezogen, stellte sich auf die Seite Ottos und bannte Philipp mitsamt seinem Anhang. Die drei Sprüche des „Reichstons" beziehen sich auf Ereignisse zwischen 1198 und 1201.

Als Einstieg in die Behandlung des ersten Spruches im Reichston bietet sich die Betrachtung des bekannten Bildes Walthers aus der Manessischen Liederhandschrift an, da sich dieses ganz offensichtlich auf dieses Gedicht bezieht:

■ *Beschreiben Sie, wie Walther auf diesem Bild dargestellt wird und welchen Eindruck er auf Sie macht.*

Walther wird exakt in der Pose dargestellt, die auch das lyrische Ich in dem Gedicht einnimmt: Nachdenklich auf einem Stein sitzend, das Gesicht auf die Hand gestützt. Das neben dem Stein liegende Schwert ist als Zeichen seiner Ritterwürde zu verstehen und nicht als Zeichen der Gewalttätigkeit oder Streitbarkeit. Im Anschluss hieran kann dann das Gedicht gelesen werden, verbunden mit folgendem Arbeitsauftrag:

- *Untersuchen Sie den Aufbau des Gedichts. Legen Sie hierbei insbesondere die Funktion des Anfangs dar.*
- *Stellen Sie die von Walther dargelegte Problematik dar und benennen Sie seinen Lösungsansatz.*
- *Diskutieren Sie, inwiefern Sie die Problematik und Walthers Lösungsansatz noch für aktuell halten.*

Das Eingangsbild (1–5) ist voller Symbolik. Die Geste des gesenkten Hauptes, das Sitzen auf dem Stein ist die Haltung des Nachdenkens und zeigt, dass in der Folge über Wichtiges gesprochen werden soll.
Der zweite Abschnitt (6–7) nennt den Gegenstand des Nachdenkens: das richtige Verhalten in der Welt und zur Welt („wie man zer welte solte leben", V. 6).
Der folgende Abschnitt (8–15) erläutert dann sogleich die Bedingungen, die ein angemessenes Leben erst ermöglichen: *„êre und varnde guot"* (V. 11) sowie *„gotes hulde"* (V. 13). Letzteres wird als wichtiger erachtet als die anderen beiden.
Im vorletzten Abschnitt (16–19) kontrastiert Walther diese Wünsche mit der Wirklichkeit und gelangt zu dem Schluss, dass diese drei Güter nicht zu vereinen sind.
Der letzte Abschnitt (20–25) nennt zunächst die Gründe, aus denen heraus die Vereinbarung der drei Voraussetzungen für das richtige Leben nicht möglich ist, nämlich Verrat und Gewalt auf den Straßen, bevor er abschließend *„fride unde reht"* (V. 23) als Grundvoraussetzungen für die Erfüllung seines Wunsches benennt.

Der Spruch erweist sich somit als ein politischer, denn er appelliert nicht an die religiöse Wandlung des Inneren, sondern an die Wiederherstellung der Ordnung, damit dann die andere Aufgabe, Gott und Welt in Einklang zu bringen, angegangen werden kann. Die Politik ist der Weg, nicht aber schon das Ziel. Die weltliche Macht ist aufgefordert, Friede und Recht zu schaffen, die Voraussetzungen für ein glückliches und richtiges Leben sind.

Die von Walther angesprochene Problematik kann an der Tafel wie folgt gesichert werden:

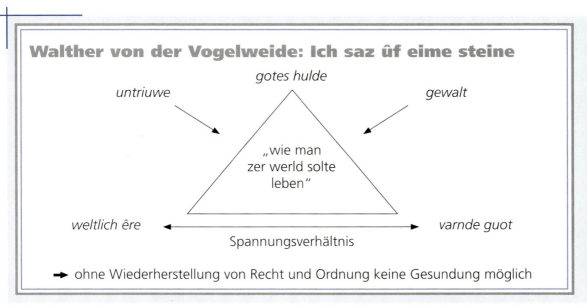

Der von Kürenberg: Falkenlied

Ich zôch mir einen valken

Ich zôch mir einen valken   mêre danne ein jâr.
dô ich in gezamete   als ich in wolte hân
und ich im sîn gevidere   mit golde wol bewant,
er huop sich ûf vil hôhe   und floug in anderiu lant.

5 Sît sach ich den valken   schône fliegen:
er fuorte an sînem fuoze   sîdîne riemen,
und was im sîn gevidere   alrôt guldîn.
got sende si zesamene   die gerne geliep wellen sîn!

(12. Jh.)

Aus: Gedichtbuch. Hrsg. von Karl Pörnbacher. Berlin: Cornelsen 1987, S. 27

Der von Kürenberg
Große Heidelberger Liederhandschrift (Codex Manesse)

1: mêre: länger; 2: gezamete: gezähmt hatte, zu eigen gewonnen hatte; 3: mit golde wol bewant: mit einem Ring geschmückt hatte; 6: sîdîne riemen: Seidenbänder; 7: alrôt guldîn: über und über mit Gold geschmückt; 8: geliep: gegenseitig in Liebe verbunden

Kriemhilds Falkentraum (Nibelungenlied)

Zu Beginn des Nibelungenepos wird ein Traum Kriemhilds geschildert, den diese nicht zu deuten weiß und sich von ihrer Mutter erklären lässt. Es handelt sich um eine Vorausdeutung auf ihre spätere Ehe mit Siegfried, den sie durch einen Mord ihres Bruders Gunther und seines Vasallen Hagen wieder verliert.

1. Aventiure (Auszug)

In disen hôhen êren   tróumte Kríemhíldè,
wie si züge einen valken,   starc scœn' und wíldè,
den ir zwêne arn erkrummen,   daz si daz muoste sehen:
ir enkunde in dirre werlde   leider nímmér geschehen.

5 Den troum si dô sagete   ir muoter Úotèn.
sine kúnde's niht besceiden   baz der gúotèn:
„der valke den du ziuhest,   daz ist ein edel man:
in welle got behüeten,   du muost in sciere vloren hân."

Z. 3: erkrummen – zerhackten
arn – Adler (Plur.)
Z. 6: baz – besser
Z. 8: sciere – bald, schnell

Aus: Das Nibelungenlied. Nach der Ausgabe von Karl Bartsch, hrsg. von Helmut de Boor. Wiesbaden 1963

Der von Kürenberg: Wîp unde vederspil

Wîp unde vederspil   die werdent lîhte zam.
swer si ze rehte lucket,   sô suochent si den man.
als warb *ein* schœne ritter   umbe eine frouwen guot.
als ich dar an gedenke,   sô stêt wol hôhe mîn muot.

Frauen und Falken

Frauen und Falken   sind leicht zu zähmen.
Wenn einer sie richtig zu locken versteht,   kommen sie zum Mann.
So warb ein schmucker Ritter   um eine edle Frau.
Wenn ich daran denke,   so schlägt das Herz mir höher.

Aus: Ingrid Kasten (Hrsg.): Deutsche Lyrik des Frühen und Hohen Mittelalters. Ü: Margherita Kuhn.
© Deutschler Klassiker Verlag 1995

1. *Vergleichen Sie das Falkenlied des Kürenbergers im Hinblick auf die verwendete Bildsprache mit den beiden anderen Texten.*

2. *Versuchen Sie, ausgehend von diesem Vergleich, eine eigene Deutung des Gedichts.*

Dietmar von Aist: Slafest du, vriedel ziere?

Schläfst du, mein schöner Liebster

„Slâfest du, friedel ziere?
wan wecket uns leider schiere.
ein vogellîn sô wol getân
daz ist der linden an daz zwî gegân."

5 „Ich was vil sanfte entslâfen,
nu rüefestu, kint, wâfen.
lieb âne leit mac niht sîn.
swaz du gebiutest, daz leiste ich, mîn friundîn."

Diu frouwe begunde weinen:
10 „du rîtest hinnen und lâst mich eine.
wenne wilt du wider her zuo mir?
owê, du füerest mîne fröide sant dir!"

„Schläfst du, mein schöner Liebster?
Ach, man weckt uns schon;
ein Vöglein, so wunderschön,
ist auf einen Zweig der Linde geflogen."

5 „Ich habe so sanft geschlafen,
nun rufst du, Kind: ‚Steh auf!'
Freude ohne Leid kann nicht sein.
Was du verlangst, das tu ich, liebe Freundin."

Die edle Frau begann zu weinen:
10 „Du reitest weg und lässt mich allein.
Wann wirst du wieder zu mir kommen?
Ach, du nimmst meine Freude mit dir!"

Aus: Ingrid Kasten (Hrsg.): Deutsche Lyrik des Frühen und Hohen Mittelalters. Ü: Margherita Kuhn. © Deutscher Klassiker Verlag 1995

Dietmar von Aist. Große Heidelberger Liederhandschrift (Codex Manesse)

Der Minnesang

Mit Minnesang werden verschiedene Formen mittelhochdeutscher Liebesdichtung des 12. bis 14. Jh. bezeichnet. Als höfische Dichtung war der Minnesang eng mit der Entwicklung einer höfisch-ritterlichen Kultur unter den Stauferkaisern verbunden.

- **Mittelhochdeutsche Minne und moderne Liebe**

Im Mittelpunkt des Minnesangs steht die Beziehung zwischen dem Sänger des Lieds und der von ihm verehrten, im Kreis der Hofgesellschaft persönlich anwesenden, verheirateten adligen Dame („vrouwe"). Bei dieser „minne" geht es jedoch nicht wie bei der modernen Liebe um die Erfüllung, um ein reales Liebesverhältnis. Anders als der moderne Begriff Liebe, der v. a. das enge Verhältnis zwischen zwei Menschen meint und sowohl eine gefühlsmäßige wie sexuelle Bedeutung hat, hat der mittelhochdeutsche Begriff „minne" mehrere Bedeutungen, die ineinander übergehen: Minne meint die „Nächstenliebe" und die „Liebe Gottes zu den Menschen", aber auch die „Brüderlichkeit" der Menschen untereinander. Daneben erst bedeutet Minne die verlangende Liebe des Menschen zu Gott und die von zwei Menschen zueinander. [...]

- **Vier Phasen der Entwicklung**

Die Entwicklung des Minnesangs führt direkt von der Mariendichtung, den poetischen Darstellungen um Maria, über die französischsprachige höfische Troubadourdichtung [...] zum volkssprachigen Minnesang.

In der *ersten Phase,* Mitte des 12. Jh., entstanden erste Formen des Minnesangs, der sog. frühe „donauländische Minnesang" (ca. 1150–70), der hauptsächlich von Dichtern aus dem Donauraum (z. B. Der von Kürenberg, Meinloh von Sevelingen) getragen wurde. Ihre Lieder waren noch weithin geprägt von einer natürlichen und ungekünstelten Auffassung von Liebe, aber auch schon durchsetzt mit standesgebundenen Formen und Symbolen. Formales Kennzeichen war die der epischen Dichtung angenäherte Langzeile.

Es folgte in einer *zweiten Phase* der **hohe Minnesang** (ca. 1170–90) mit dem Schwerpunkt im Ober- und Mittelrheingebiet. Die Lieder Friedrichs von Hausen und Heinrichs von Veldeke zeigen die Ausrichtung auf den Frauendienst, d. h. auf ein erdachtes Dienstverhältnis zwischen einem Ritter und einer höfischen Dame, und auf den Gedanken der sittlichen Erhöhung des Mannes durch den Minnedienst. Zentrale Begriffe waren dabei „triuwe" (Treue), „mâze" (Selbstbescheidung) und „hoher muot" (Tapferkeit). In formaler Hinsicht war diese Phase besonders durch die Übernahme provenzalischer Vorbilder gekennzeichnet (Ablösung der Langzeile durch den Vierheber oder den Zehn- bzw. Elfsilbler). Teilweise verband sich der Frauendienst mit dem Dienst für die religiöse Idee des Kreuzzugs [...], teilweise setzten sich die Dichter jedoch auch mit dem Tagelied, das den Abschied der Liebenden nach der miteinander verbrachten Liebesnacht besingt, in Widerspruch zu den Ideen der hohen Minne.

Große Heidelberger Liederhandschrift (Codex Manesse)

Der *Höhepunkt* des Minnesangs wurde um 1190 erreicht: Heinrich von Morungen stellte die Minne als geradezu magische Kraft dar, die ihn völlig in ihren Bann zieht, dennoch aber gottgewollt ist und als Seelenminne über den Tod hinaus besteht. Reinmars des Alten ständig wiederkehrendes Thema war die klagende Darstellung der gnadenlosen Härte der Geliebten, die sein Werben nicht erhört. Da damit die Grenzen des Minnesangs erreicht waren, wendete sich Walther von der Vogelweide, z. T. in einer Dichterfehde mit Reinmar, in den Mädchenliedern der **niederen Minne** zu. Der niedere Minnesang pries die erfüllte, beglückende Liebe zu einem Mädchen aus einfachem

Stand („wîp", „maget"). Auch Wolfram von Eschenbach verstieß, indem er die eheliche Liebe rühmte, gegen die hohe Minne.

In der *letzten Phase* wurden vorgegebene Form- und Themenmuster variiert oder auch verändert, oder es wurden wie in den Sommer- und Winterliedern Neidharts von Reuental die Ideale der hohen Minne parodiert und persifliert (dörperliche Poesie). Als im 14. Jh. das Bürgertum das höfische Rittertum als kulturtragende Schicht abzulösen begann, trat der Meistersang die Nachfolge des Minnesangs an. Während Heinrich von Meissen (genannt Frauenlob) und Heinrich von Mügeln diesen Übergang markieren, nimmt Oswald von Wolkenstein mit der Thematik meist persönlicher Erlebnisse eine Sonderstellung ein.

Aus: Schülerduden Literatur. Bibliographisches Institut & F. A. Brockhaus, Mannheim

■ *Erarbeiten Sie die wesentlichen Merkmale des Minnesangs. Arbeiten Sie dabei auch seine Entwicklung heraus.*

Walther von der Vogelweide: Aller werdekeit ein füegerinne

Aller werdekeit ein füegerinne,
daz sît ir zewâre, frowe Mâze.
ein sælic man, der iuwer lêre hât!
der darf sich iuwer niht beschamen inne
5 beide ze hove noch ouch an der strâze.
dur daz sô suoche ich iemer iuweren rât,
daz ir mich ebene werben lêret.
wirbe ich nidere, wirbe ich hôh, ich bin versêret.
ich was vil nâch ze nidere tôt,
10 nu bin ich aber ze hôhe siech,
unmâze enlâzet mich ân nôt.

Nideriu minne heizet diu sô swachet
daz der lîp nâch kranker liebe ringet:
diu liebe tuot unlobelîche wê.
15 hôhe minne heizet diu daz machet
daz der muot nâch werder liebe ûf swinget:
diu winket nu, daz ich ir mite gê.
nun weiz ich, wes diu mâze beitet.
kumt herzeliebe, sô bin ich verleitet.
20 doch hât mîn lîp ein wîp ersehen,
swie minneclîche ir rede sî,
mir mac wol schade von ir geschehen.

Ordnerin aller Werte

Ordnerin aller Werte,
das seid wahrlich Ihr, ‚Frau Mâze'.
Glücklich der Mann, der Eure Belehrung erhält!
Er braucht sich Euer nirgendwo zu schämen,
5 weder ‚zu Hof' noch ‚auf der Straße',
deshalb suche ich immer Euren Rat,
dass Ihr mich richtig werben lehrt.
Werbe ich niedrig oder hoch, ich bin verwundet.
Als ich zu niedrig warb, war ich fast tot,
10 doch nun, zu hoch, bin ich wiederum krank:
Das falsche Maß entlässt mich nicht aus der Qual.

‚Niedere Minne' heißt die, die so ehrlos macht,
weil man sich um wertlose Freude müht.
Diese Lust tut weh, weil sie keines Lobes wert ist.
15 ‚Hohe Minne' spornt an und bewirkt,
dass das Herz sich aufschwingt zu edler Freude.
Die winkt mir jetzt, dass ich mit ihr gehen soll.
Jetzt weiß ich, weshalb die ‚Mâze' zögert.
Wenn die ‚Herzeliebe' kommt, lass ich mich doch verführen.
20 Ich habe eine Frau erblickt,
wie liebreizend ihre Rede auch sei,
sie wird mir doch wohl Schaden bringen.

Aus: Ingrid Kasten (Hrsg.): Deutsche Lyrik des Frühen und Hohen Mittelalters. Ü: Margherita Kuhn. © Deutscher Klassiker Verlag 1995

■ *Welche Arten des Werbens und der Minne unterscheidet Walther und wie bewertet er sie?*

Reinmar von Hagenau (auch der Alte): Ich wirbe umbe allez, daz ein man

Ich wirbe umbe allez, daz ein man
ze werltlîchen fröiden iemer haben sol.
daz ist ein wîp, der ich enkan
nâch ir vil grôzem werde niht gesprechen wol.
5 lob ich si, sô man ander frowen tuot,
daz genimt si niemer tac von mir vür guot.
doch swer ich des, sist an der stat,
dâ si ûz wîplîchen tugenden nie fuoz getrat.
dâ ist *iu* mat!

10 Als eteswenne mir der lîp
dur sîn*e* bœse unstæte râtet, daz ich var
und mir gefriunde ein ander wîp,
sô wil iedoch daz herze niender wan dar.
wol im des, daz ez sô rehte weln kan
15 unde mir der süezen arbeit gan!
doch hân ich mir ein liep erkorn,
dem ich ze dienste – und wære ez al der werlte zorn –
wil sîn gebor*n*.

Unde ist, daz mirs mîn sælde gan,
20 daz ich ab ir wol redendem munde ein küssen mac versteln,
gît got, daz ich ez bringe dan,
sô wil ichz tougenlîchen tragen und iemer heln.
und ist, daz siz für grôze swære hât
und vêhet mich dur mîne missetât,
25 waz tuon ich danne, unsælic man?
dâ nim eht ichz und tragez hin wider, dâ ichz dâ nan, als ich wol kan.

Si ist mir liep, und dunket mich,
wie ich ir volleclîch gar unmære sî.
waz darumbe? daz lîde ich:
30 ich was ir ie mit stæteclîchen triuwen bî.
und waz, ob lîhte ein wunder an mir beschiht,
daz si mich eteswenne gerne siht?
sô denne lâze ich âne haz,
swer giht, daz ime an frowen sî gelungen baz,
35 der habe ime daz.

Diu jâr diu ich noch ze lebenne hân,
swie vil der wære, ir wurde niemer tac genomen.
sô gar bin ich ir undertân,
daz ich unsanfte ûz ir genâden mohte komen.
40 ich fröwe mich des, daz ich ir dienen sol.
si gelô*net* mir mit lîhten dingen wol,
geloube eht mir, swenne ich ir sage
die nôt, die ich ... an dem herzen trage
dicke in dem tage.

Ich strebe nach dem, was für einen Mann

Ich strebe nach dem, was für einen Mann
die Gesamtheit irdischer Freuden ausmachen muss.
Das ist eine Frau, die ich nach Wert und Würde
gar nicht gebührend preisen kann.
5 Lob ich sie, wie man andere edle Frauen lobt,
so nimmt sie mir das nie als genügend ab.
Doch schwör ich es, da, wo sie steht,
ist sie nie um Fußesbreite von weiblicher Vollkommenheit abgewichen.
Damit seid Ihr schachmatt!

10 Wenn mir manchmal mein Leib
in seiner üblen Wankelmütigkeit rät, hinzugehen
und mir eine andere Frau zur Freundin zu nehmen,
so will doch das Herz nirgends anders hin als zu ihr.
Wohl ihm, dass es so richtig wählen kann
15 und mir so süße Liebesmühe schenkt!
Auch habe ich mir eine Liebste erwählt,
zu deren Diensten – und brächte es die ganze Welt in Wut –
ich geboren sein will.

Und ist es so, dass mein Glück es mir gönnt,
20 von ihrem redegewandten Mund einen Kuss zu stehlen,
so möge Gott geben, dass ich damit davonkomme,
dann will ich ihn heimlich bei mir tragen und für immer verbergen.
Doch ist es so, dass sie's für eine schwere Schmach hält
und mich für mein Vergehen hasst,
25 was tue ich dann, ich Unglücklicher?

Da nehme ich ihn halt und bring ihn wieder dorthin,
wo ich ihn gestohlen habe,
so gut ich's kann.

Sie ist mir lieb, und scheint es mir auch,
daß ich ihr ganz und gar gleichgültig bin,
was tut's? Ich will's ertragen.
30 Ich gehörte ihr immer in unverbrüchlicher Treue.
Und wie, wenn mir vielleicht ein Wunder geschieht
und sie mich künftig manchmal gerne sieht?
Dann beneide ich den nicht,
der sagt, dass es ihm bei den edlen Frauen besser ergangen sei,
35 es sei ihm gegönnt.

Die Jahre, die ich noch zu leben habe,
wie viele es auch seien – kein Tag, der nicht ihr gehörte.

So ganz bin ich ihr ergeben,
dass es für mich schmerzlich wäre, wenn ich ihre Gunst verlöre.
40 Ich freue mich darüber, dass ich ihr dienen darf.
Sie belohnt mich ja auch gut mit kleinen Dingen,
sie möge mir wirklich glauben, wenn ich ihr sage,
wieviel Leid ich ... im Herzen trage,
tagein, tagaus.

Aus: Ingrid Kasten (Hrsg.): Deutsche Lyrik des Frühen und Hohen Mittelalters.
Ü: Margherita Kuhn. © Deutscher Klassiker Verlag 1995

Reinmar von Hagenau. Große Heidelberger Liederhandschrift (Codex Manesse)

1. Weisen Sie möglichst genau am Text nach, welches Bild das lyrische Ich von der von ihm verehrten Frau zeichnet, welche Empfindungen es hat und welches Verhältnis zwischen beiden besteht.

2. Untersuchen Sie die erste Strophe im Hinblick auf die Bezeichnungen, die das lyrische Ich für die geliebte Frau verwendet, und vergleichen Sie diese mit dem heutigen Sprachgebrauch.

Hartmann von Aue: Maniger grüezet mich also

Maniger grüezet mich alsô
– der gruoz tuot mich ze mâze frô –:
„Hartmann, gên wir schowen
ritterlîche frowen."
5 mac er mich mit gemache lân
und île er zuo den frowen gân!
bî frowen truwe ich niht vervân,
wan daz ich müede vor in stân.

Ze frowen habe ich einen sin:
10 als si mir sint, als bin ich in,
wand ich mac baz vertrîben
diu zît mit armen wîben.
swar ich kum, dâ ist ir vil,
dâ vinde ich die, diu mich dâ wil,
15 diu ist ouch mînes herzen spil.
waz touc mir ein ze hôhez zil!

In mîner tôrheit mir beschach,
daz ich zuo zeiner frowen gesprach:
„frowe, ich hân mîne sinne
20 gewant an iuwer minne."
dô wart ich twerhes an gesehen.
des wil ich, des sî iu bejehen,
mir wîp in solher mâze spehen,
diu mir des niht enlânt beschehen.

Aus: Ingrid Kasten (Hrsg.): Deutsche Lyrik des Frühen und Hohen Mittelalters. Ü: Margherita Kuhn. © Deutscher Klassiker Verlag 1995

Viele reden mich so an

Viele reden mich so an
– der Gruß macht mich nicht sonderlich froh –:
„Hartmann, lass uns gehn
und edle Damen hofieren."
5 Sollen sie mich in Ruhe lassen
und zu den Damen eilen!
Bei den Damen weiß ich nichts anzufangen,
als trübsinnig vor ihnen zu stehen.

Über die Damen denke ich so:
10 Wie sie zu mir sind, so bin ich zu ihnen,
denn ich kann die Zeit
besser mit einfachen Frauen verbringen.
Wo ich hinkomme, da gibt es ihrer viele,
da finde ich eine, die mich auch will;
15 die ist auch meines Herzens Freudenspiel.
Was taugt mir ein zu hohes Ziel!

In meiner Dummheit geschah es mir,
dass ich zu einer Dame sagte:
„Herrin, ich habe all mein Denken
20 in Liebe Euch zugewandt."
Da wurde ich schief angesehen.
Deshalb will ich, das sei euch gesagt,
mir Frauen von solcher Art auswählen,
die mir das nicht antun.

■ *Analysieren und interpretieren Sie das Gedicht.*

■ *Vergleichen Sie sein Frauenbild und sein Bild von Minne mit der Konzeption, die in dem Gedicht von Reinmar deutlich geworden ist.*

Hartmann von Aue. Große Heidelberger Liederhandschrift (Codex Manesse)

Walther von der Vogelweide: Die verzagten aller guoter dinge

Die verzagten aller guoter dinge

Die verzagten aller guoter dinge
wænent daz ich mit in sî verzaget,
ich hân trôst daz mir noch fröide bringe,
der ich mînen kumber hân geklaget.
5 ob mir liep von der geschiht,
sô enruoch ich wes ein bœser giht.

Nît den wil ich iemer gerne lîden.
frowe, dâ solt du mir helfen zuo,
daz si mich von schulden müezen nîden,
10 sô daz mîn liep in herzeleide tuo.
schaffe daz ich frô gestê,
so ist mir wol, und ist in iemer wê.

Friundîn unde frowen in einer wæte
wolte ich an iu einer gerne sehen.
15 ob ez mir sô rehte sanfte tæte
als mir mîn herze hât verjehen?
friundinne daz ist ein süezez wort,
doch sô tiuret frowe unz an daz ort.

Frowe, ich wil mit hôhen liuten schallen,
20 werdent diu zwei wort mit willen mir.
sô lâze ouch dir zwei von mir gevallen,
daz ein keiser kûme gæbe dir.
friunt und geselle diu sint beidiu dîn,
sô sî friundîn unde frowe mîn.

Die zu allem Guten den Mut verloren haben

Die zu allem Guten den Mut verloren haben,
glauben, daß ich wie sie mutlos sei:
Ich aber habe die Zuversicht, daß sie,
der ich mein Leid geklagt habe, mir noch Freude
  schenken wird.
5 Wenn ich von ihr Liebe erfahre,
kümmert's mich nicht, was irgend so ein Bösling
  redet.

Neid zu ertragen bin ich immer gern bereit.
Herrin, hilf mir dabei,
daß sie Grund haben, mich zu beneiden,
10 indem meine Liebesfreude sie leiden läßt.
Mach doch, daß ich froh sein kann,
so ist mir wohl und ihnen tut es ewig weh.

Geliebte und Herrin in eins, in einem Kleid,
so würde ich Euch gerne sehen.
15 Ob es mich so glücklich machen würde,
wie es mir mein Herz versprochen hat?
‚Geliebte', das ist ein süßes Wort,
doch ‚Herrin' ist die höchste Auszeichnung.

Herrin, ich will es jubelnd verkünden,
20 wenn du mir die zwei Worte willig schenkst.
So laß dir auch zwei von mir gefallen,
die selbst ein Kaiser dir schwerlich geben könnte.
Geliebter und Freund, das sind zwei Worte,
so wie Geliebte und Herrin die meinen seien.

Aus: Ingrid Kasten (Hrsg.): Deutsche Lyrik des Frühen und Hohen Mittelalters.
Ü: Margherita Kuhn. © Deutscher Klassiker Verlag 1995

■ *Weisen Sie am Text nach, welches Bild das lyrische Ich von der von ihm verehrten Frau zeichnet, welche Empfindungen es hat und welches Verhältnis zwischen beiden besteht.*

Walther von der Vogelweide. Große Heidelberger Liederhandschrift (Codex Manesse)

Walther von der Vogelweide: Under der linden

Unter der Linde

‚Under der linden	Unter der Linde
an der heide,	auf der Heide,
dâ unser zweier bette was,	wo unser beider Lager war,
Dâ mugt ir vinden	da kann man sehn
schône beide	5 liebevoll gebrochen
5 gebrochen bluomen unde gras.	Blumen und Gras.
Vor dem walde in einem tal,	Vor dem Wald in einem Tal
tandaradei,	tandaradei
schône sanc diu nahtegal.	sang schön die Nachtigall.
Ich kam gegangen	10 Ich kam gegangen
10 zuo der ouwe:	zu der Wiese,
dô was min friedel komen ê.	da war mein Liebster schon vor mir gekommen.
Dâ wart ich enpfangen,	Da wurde ich empfangen
hêre frouwe,[1]	– Heilige Jungfrau! –
daz ich bin saelic iemer mê.	15 dass es mich immer glücklich machen wird.
15 Kuste er mich? wol tûsentstunt:	Ob er mich küsste? Wohl tausendmal,
tandaradei,	tandaradei,
seht wie rôt mir ist der munt.	seht wie rot mein Mund ist.
Dô het er gemachet	Da hatte er bereitet
alsô rîche	20 in aller Pracht
20 von bluomen eine bettestat.	von Blumen ein Lager.
Des wirt noch gelachet	Daran wird sich freuen
innecliche,	von Herzen,
kumt iemen an daz selbe pfat.	wer daran vorübergeht.
Bî den rôsen er wol mac,	25 An den Rosen kann er noch
25 tandaradei,	– tandaradei –
merken wâ mirz houbet lac.	sehen wo mein Kopf lag.
Daz er bî mir laege,	Dass er bei mir lag,
wessez iemen	wüsste es jemand
(nu enwelle got!), sô schamt ich mich.	30 (das verhüte Gott!), so schämte ich mich.
30 Wes er mit mir pflaege,	Was er tat mit mir,
niemer niemen	niemals soll jemand
bevinde daz wan er und ich –	das erfahren als er und als ich –
Und ein kleinez vogellîn,	und die liebe Nachtigall,
tandaradei,	35 tandaradei;
35 daz mac wol getriuwe sîn'.	die wird gewiss verschwiegen sein.

Aus: Peter Wapnewski, (Hrg.): Gedichte. Frankfurt: Fischer 1962

1. Wie wird der Ort der Liebesbegegnung beschrieben?
2. In welchem Verhältnis stehen die Liebenden zueinander und zur Gesellschaft?
3. Welcher Minnekonzeption zählen Sie dieses Gedicht zu? Beachten Sie, inwiefern die Beantwortung dieser Frage von der für Vers 14 gewählten Übersetzung abhängt.

---

[1] Dieser Vers wird von Übersetzern zum einen als Ausruf, zum anderen aber auch als Anrede der Frau durch den Mann verstanden. Im zweiten Fall müsste die Übersetzung etwa „Erhabne Herrin" lauten.

Neidhart von Reuental: Blôzen wir den anger ligen sâhen

	Kahl haben wir den Anger liegen sehen
Blôzen wir den anger ligen sâhen,	Kahl haben wir den Anger liegen sehen,
end uns diu liebe zît begunde nâhen,	ehe uns die freundliche Jahreszeit wieder nahte
daz die bluomen drungen durch den klê	und die Blumen durch den Klee drangen
aber als ê.	wie vordem.
5 heide diust mit rôsen nû bevangen:	5 Die Heide ist nun mit Rosen bedeckt,
den tuot der sumer wol, niht wê.	denen tut der Sommer wohl, nicht weh.
Droschel, nahtigal die hoert man singen,	Drossel, Nachtigall, die hört man singen
von ir schalle berc unt tal erklingen:	und von ihrem Schall Berg und Tal erklingen:
sie vreunt sich gegen der lieben sumerzît,	sie freuen sich auf die liebe Sommerzeit,
10 diu uns gît	10 die uns gibt
vreuden vil und liehter ougenweide.	viele Freuden und strahlende Augenweide.
diu heide wünneclîchen lît.	Lieblich liegt die Heide da.
Sprach ein maget: „die wisen wellent touwen.	Es sprach ein Mädchen: „Die Wiesen wollen wieder Tau bekommen,
megt ir an dem sumer wunder schouwen?	15 wollt ihr die Wunder des Sommers sehen?
15 die boume, die den winder stuonden val,	Die Bäume, die den Winter über grau dastanden –
über al	ringsherum
sint si niuwes loubes worden rîche:	sind sie wieder voll von neuem Laub.
dar under singent nahtigal.	Dazwischen singen die Nachtigallen.
Losâ, wie die vogele alle doenent,	20 Horch, wie die Vögel alle tönen,
20 wie sî den meien mit ir sange kroenent!	wie sie den Mai mit ihrem Gesang krönen!
jâ, waen ich, der winder ende hât.	Ja, ich glaube, der Winter hat ein Ende.
Wîerât,	Wierat,
sprinc alsô, daz ich dirs immer danke!	spring nur, immer will ich dir dankbar dafür sein.
diu linde wol geloubet stât.	25 Die Linde steht in schönem Laube da.
25 Dâ sul wir uns wider hiuwer zweien.	Dort werden wir auch dieses Jahr wieder paarweise gehen.
vor dem walde ist rôsen vil geheien:	Am Waldrand sind viele Rosen aufgegangen.
der wil ich ein kränzel wolgetân	Davon möchte ich ein schön gebundenes Kränzchen
ûfe hân,	30 aufhaben,
springe ich einem ritter an der hende	wenn ich an der Hand eines Ritters tanze
30 in hôhem muote, nû wol dan!"	in hohem Mut. Jetzt aber fort!"
„Tohterlîn, lâ dich sîn niht gelangen!	„Töchterlein, lass dich danach nicht gelüsten.
wil dû die ritter an dem reien drangen,	Wenn du dich im Tanz zu den Rittern drängeln
die dir niht ze mâze ensulen sîn,	35 willst,
tohterlîn,	die nicht für deinesgleichen bestimmt sind,
35 dû wirst an dem schaden wol ervunden.	Töchterlein,
der junge meier muotet dîn."	so wirst du den Schaden davon haben.
	Der junge Meier hält um dich an."
„Sliezet mir den meier an die versen!	40 „Heftet mir den Meier an die Fersen,
jâ trûwe ich stolzem ritter wol gehersen:	ich traue mir zu, mit einem stolzen Ritter fertigzuwerden.
zwiu sol ein gebûwer mir ze man?	Was soll mir ein Bauer zum Mann?
40 der enkan	Der kann
mich nâch mînem willen niht getriuten:	45 mich nicht lieben, wie ich es will.
er, waen, mîn eine muoz gestân."	Er muss wohl, glaube ich, ohne mich auskommen."

„Tohterlîn, lâ dir in niht versmâhen! dû wilt ze tumbe ritters künde vâhen: 45 daz ist allen dînen vriunden leit. manegen eit swüere dû: des wis nu âne lougen, dîn muot dich allez von mir treit!"	„Töchterlein, du solltest ihn nicht verschmähen. Du willst aus Unerfahrenheit Ritterbekanntschaften machen: 50 allen deinen Freunden macht das Sorge. So manchen Eid hast du geschworen: das streite jetzt nicht ab! Dein Trieb führt dich ganz von mir fort."
„Muoter mîn, ir lâzet iuwer bâgen! 50 ich wil mîne vriunde durch in wâgen, den ich mînen willen nie verhal. über al müezen sîn die liute werden inne: mîn muot der strebt gein Riuwental.	„Meine Mutter, nun hört auf zu schimpfen. 55 Ich werde meine Freunde für ihn aufs Spiel setzen, denen ich meine Absicht nie verschwiegen habe. Überall sollen es die Leute wissen: Mein Herz sehnt sich nach Reuental."

Aus: Räkel (Hrsg.): Der deutsche Minnesang. München: Beck 1986, S. 213–215

■ *Vergleichen Sie dieses Gedicht im Hinblick auf die Grundsituation und ihre Ausgestaltung mit dem Gedicht „Under der linden" von Walther von der Vogelweide.*

Neidhart von Reuental (1310–1330). Manessische Liederhandschrift, Heidelberg

Walther von der Vogelweide: Ich saz ûf eime steine

Ich saz ûf eime steine
und dahte bein mit beine.
dar ûf satzt ich den ellenbogen.
ich hete in mîne hant gesmogen
5 daz kinne und ein mîn wange.
dô dâhte ich mir vil ange,
wie man zer welte solte leben.
deheinen rât kond ich gegeben,
wie man driu dinc erwurbe,
10 der keinez niht verdurbe.
diu zwei sint êre und varnde guot,
daz dicke ein ander schaden tuot:
daz dritte ist gotes hulde,
der zweier übergulde.
15 die wolte ich gerne in einen schrîn:
jâ leider desn mac niht gesîn,
daz guot und weltlich êre
und gotes hulde mêre
zesamene in ein herze komen.
20 stîg unde wege sint in benomen:
untriuwe ist in der sâze,
gewalt vert ûf der strâze,
fride unde reht sint sêre wunt.
diu driu enhabent geleites niht,
25 diu zwei enwerden ê gesunt.

Ich saß auf einem Stein,
und schlug ein Bein über das andere.
Darauf stützte ich den Ellenbogen.
Ich hatte in meine Hand geschmiegt
5 das Kinn und meine eine Wange.
So erwog ich in aller Eindringlichkeit,
wie man auf dieser Welt zu leben habe.
Keinen Rat wusste ich zu geben,
wie man drei Dinge erwerben könne,
10 ohne dass eines von ihnen verloren ginge.
Zwei von ihnen sind Ehre und Besitz,
die einander oft Abbruch tun;
das dritte ist die Gnade Gottes,
weit höher geltend als die beiden andern.
15 Die wünschte ich in *ein* Gefäß zu tun.
Aber zu unserm Leid kann das nicht sein,
dass Besitz und Ehre in der Welt
und dazu Gottes Gnade
zusammen in ein Herz kommen.
20 Weg und Steg ist ihnen verbaut,
Verrat lauert im Hinterhalt,
Gewalttat zieht auf der Straße,
Friede und Recht sind todwund:
bevor diese beiden nicht gesunden,
25 haben die Drei keine Sicherheit.

Aus: Peter Wapnewski (Hg.): Gedichte. Frankfurt: Fischer 1962

- Beschreiben Sie, wie Walther auf diesem Bild dargestellt wird und welchen Eindruck er auf Sie macht.
- Untersuchen Sie den Aufbau des Gedichts. Legen Sie hierbei insbesondere die Funktion des Anfangs dar.
- Stellen Sie die von Walther dargelegte Problematik dar und benennen Sie einen Lösungsansatz.
- Diskutieren Sie, inwiefern Sie die Problematik und Walthers Lösungsansatz noch für aktuell halten.

Walther von der Vogelweide. Große Heidelberger Liederhandschrift (Codex Manesse)

Das frühe Mittelalter (750–1170 n. Chr.) – eine Zusammenfassung

Im 5. Jahrhundert löst sich das römische Reich auf und es beginnt die Zeit der Völkerwanderung: 476 geht das weströmische Reich unter und die Franken übernehmen das Erbe des römischen Reiches im Westen. Ihr Leben ist geprägt von einer Bauern- und Kriegerkultur: Es gelten Werte wie Treue, Ehre und Tapferkeit. Die Kirche erhält und fördert die römische Kultur: Kirchenväter wie Augustinus (354–430) und Ambrosius (340–397). Der angelsächsische Mönch Bonifatius (673/754) missioniert die germanischen Stämme im 8. Jh., baut eine Kirchenordnung auf und fördert die Gründung bedeutender Klöster nach benedektinischer Regel, z. B. das Kloster Fulda.

Die germanische Literatur bietet bis ins 8. Jahrhundert Sprichwörter, Rätsel und Zaubersprüche. Kurze balladeske Heldenlieder entstehen aus der Lebensform adliger Lebensgemeinschaft in der Zeit der Völkerwanderung (4.–8. Jh.): Eine umfangreiche Sammlung der Heldenlieder liegt in der Edda vor (ca. 1260) mit mythischen Liedern, Spruchweisheiten und Heldensagen aus der Völkerwanderungszeit. Das erste germanisch-christliche Dokument ist die Bibelübersetzung des westgotischen Bischofs Ulfila „Codex argenteus". Mit Karl dem Großen (758–814) übernehmen die Königsfamilien die entscheidende Förderung der Kultur: Sie fördern die Klöster und Bistümer als Bildungsstätten, sie übernehmen spätantike Bildungstraditionen und den Gebrauch der lateinischen Sprache. Es werden drei Phasen unterschieden:
a) 750–900: Karolingische Renaissance: althochdeutsche Literatur neben lateinischen Schriften.
b) 900–1025: Ottonische Renaissance: Zeit der Frühromanik mit vorwiegend mittellateinischer Literatur
c) 1025–1170: Wirkung der Reform durch das Kloster Cluny/Burgund: Hochromanik mit frühmittelhochdeutscher Literatur

a) **Karl der Große** fördert eine antik geprägte christliche Bildung: Alle bedeutenden Gelehrten seiner Zeit werden an den Hof berufen; Bibliotheken werden angelegt, eine Hofakademie wird gegründet, die lateinische Hofpoesie gepflegt und die Lektüre antiker Schriftsteller und die Vervielfältigung ihrer Werke gefördert. An seinem Hofe lehren: Alkuin (Angelsachse), Einhard (Franke) und Paulus Diakonus (Langobarde). Hrabanus Maurus (784–856), Schüler Alkuins, leitet die Klosterschule von Fulda und ist dann Bischof von Mainz. Sein Schüler Walafried Strabo wirkt im Kloster Reichenau. Die Literatur hat Missions- und Bildungsziele: Dazu fördert Karl die Pflege der althochdeutschen Sprache und lässt Glossare, Übersetzungen und Gebete anfertigen, z. B. das Wessobrunner Gebet. Die Geistlichen müssen die biblisch-christliche Anschauungs- und Begriffswelt, die theologischen Gedankengänge in deutsche Sprache fassen. In der Architektur und in der Bildenden Kunst wird Karl durch die italienische und byzantinische Kunst beeinflusst: In Italien haben die Ostgoten und Langobarden im 6.–8. Jh. die antiken Vorbilder nachgeahmt. Beispielhaft sind die Basiliken und Theoderichs Grabmal in Ravenna.

Die Palastschule stellt große Prachthandschriften mit Miniaturen in spätantiker Maltradition, Initialen und Darstellungen von Menschen nach antikem Vorbild her. In der Architektur wird die römische Basilika ab dem 8. Jahrhundert die Grundform für den Kirchenbau. Das Münster von Aachen wird als achteckiger Zentralbau nach dem Vorbild der Kirche San Vitale in Ravenna erbaut und soll kaiserliche Macht und Größe ausdrücken.

b) **Otto I.** und **Otto III.** erneuern die Bindung an die antike Kultur. Der königliche Hof, lothringische Klöster und Bischöfe förderten Bildung und Wissenschaft. Unter den sächsisch-ottonischen Kaisern wird die althochdeutsche Literatur durch die lateinische Literatur abgelöst: Einerseits entsteht eine lateinische Vagantenlyrik, in der wandernde Geistliche und Studenten ihre Lebensfreude ausdrücken, z. B. in der Sammlung der „Carmina burana" (Benediktbeuren). Andererseits entstehen lateinische Oster- und Weihnachtsspiele, z. B. von Hroswitha von Gandersheim. Im 11./12. Jh. bestimmen frühmittelhochdeutsche Heils- und Bußdichtungen die Literatur: Predigten, Marienlyrik und Legenden, z. B. Anno- und Ezzolied. Seit Otto I. werden Aachen und die Pfalzkapelle zum Symbol der ottonischen Reichsidee: Bau- und Kunstwerke verdeutlichen mit vollendeter Technik die Vorstellung vom christlichen Herrschertum: z. B. die Reichsinsignien, Handschriften und Kirchen wie in Hildesheim und Bamberg.

c) Mit Kaiser **Heinrich II.** (1002–1024) gewinnt das im Jahre 910 gegründete Benediktinerkloster von Cluny in Burgund großen Einfluss im Reich: Die Äbte reformieren die Klosterzucht, erneuern das religiöse Leben durch Weltabkehr und Askese. Cluny unterstehen im 11. Jahrhundert 1600 Klöster; das Kloster Hirsau (Schwarzwald) ist das Zentrum der Reformbewegung im deutschen Kernland. Geprägt von dieser Reformbewegung entstehen neue Reformorden: Der Kartäuserorden, gegründet 1084 in Chartrause/Burgund, der 1089 in Prémontré/Burgund gegründete Prämonstratenser-Orden sowie der Zisterzienserorden, gegründet 1120 in Burgund. Diese Orden entfalten eine europaweite kirchliche Bautätigkeit: Der romanische Kirchenbau verkörpert die Sicherheit des Glaubens in einer bedrohten Welt. Zeichen für diese Bedrohung ist die Darstellung von Dämonen in der romanischen Bauplastik.

Abteikirche Maria-Laach (Eifel) 12. Jahrhundert

Hildesheim, St. Michael um 1000

Herrschergeschlechter im Mittelalter

**1. Zeit der fränkischen Herrscher (714–919)
Geschlecht der Karolinger**

714–741: Karl Martell („Hammer") herrscht in Austrasien als ‚Hausmeier' (Kanzler)
732: Sieg über die Araber bei Tours und Poitiers
751–768: König Pippin
754: Salbung durch Papst Stephan II. zum König. Er wird „patricius Romanorum" = Schutzherr Roms. Er legitimiert dadurch seine Dynastie und übernimmt den Schutz des Papstes. Damit verbindet sich weltliche und geistliche Macht.
768–814: Karl der Große
Ausweitung des Reiches nach Sachsen, Bayern, Spanien, Italien und Ungarn
800: Kaiserkrönung durch Papst Leo III.
814–840: Ludwig der Fromme
843: Reichsteilung: Westfranken; Lothringen und Ostfranken

**2. Zeit der sächsischen Herrscher (919–1024)
Zeit der Ottonen**

919–936: Heinrich I.
Regiert im „Reich der Deutschen": „regnum Teutoricorum", fördert das Zusammengehörigkeitsgefühl der deutschen Stämme
933: Sieg über die Ungarn an der Unstrut
Quedlinburg, Magdeburg, Erfurt, Merseburg, Meißen, Naumburg bilden das Machtzentrum Heinrichs.
936–973: Otto I., der Große setzt im ganzen Reich die königliche Macht durch; Lothringen, Burgund, Norditalien kommen wieder zum Reich. Einführung des sog. ‚ottonischen Reichskirchensystems': Bischöfe und Äbte übernehmen weltliche Aufgaben.
955: Sieg über die Ungarn auf dem Lechfeld bei Augsburg
962: Kaiserkrönung Ottos in Rom: Beginn des deutschen Kaisertums (Ende 1806)
972–983: Kaiser Otto II.
983–1002: Kaiser Otto III.
Er hat universale Reichspläne und strebt eine „Erneuerung des Reiches" an mit Rom als Hauptstadt („Renovatio imperii Romanorum").
1002–1024: Heinrich II.
Konzentriert seine Macht auf das Kernland im Reichsgebiet: Er baut Bamberg zu einem Macht- und Kulturzentrum aus (Dom und sog. ‚Bamberger Reiter').

3. Zeit der fränkisch-salischen Herrscher (1024–1125)

1024–1039: Kaiser Konrad II.
1033: Burgund wird mit dem Deutschen Reich vereint.
1039–1056: Heinrich III.
Böhmen, Ungarn und Polen werden dt. Lehensgebiete: größte Ausdehnung des Reiches.
1046: Synode von Sutri bei Rom: Heinrich setzt drei Päpste wegen Amtsmissbrauchs ab. Die kirchliche Reformbewegung geht vom Kloster Cluny/Burgund aus: gegen Kauf geistlicher Ämter (Simonie). Heinrich unterstützt die Reform.
1056–1106: Heinrich IV.
1059: Papstwahldekret: Wahl des Papstes durch die Kardinäle, damit Einfluss des Kaisers beschränkt; Verbot der Einsetzung von Bischöfen (sog. Laieninvestitur) durch den Kaiser; Verbot der Simonie
1076: Beginn des Investiturstreits mit Papst Gregor VII. (1073–1085): Papst beansprucht alleinige Macht über die Kirche.
1077: Heinrich, vom Papst aus der Kirche verbannt, macht einen Bußgang nach Canossa/Toskana.
1096/99: 1. Kreuzzug mit Eroberung des sog. ‚Heiligen Landes'
1098: Gründung des Zisterzienserordens: Fördert kulturelle Entwicklung ländlicher Gebiete
1106–1125: Heinrich V.
1122: Wormser Konkordat: Ende des Investiturstreits: Bischöfe werden Reichsvasallen.

Aus: Stephan Knöbl, Peter Mettenleiter (Hrg.): Blickfeld Deutsch für die Oberstufe. Lehrerband. Paderborn: Schöningh Verlag 2003, S. 183f.

Das jüngere Hildebrandslied (Auszug)

Er [Hildebrand] erwischt in bei der mitte,
da er am schwechsten was,
er schwang in hinderrucke
wol in das grüne gras:
5 „nun sag mir, du vil junger!
dein beichtvater wil ich wesen:
bist du ain junger Wölfing,
vor mir magst du genesen.

„Du sagst mir vil von wolfen,
10 die laufen in dem holz;
ich bin ain edler degen
auß Kriechenlanden stolz,
mein mutter haist fraw Ute,
ain gewaltige herzogin,
15 so ist Hiltebrant der alte
der liebste vater mein."

„Haist dein mutter fraw Ute,
ain gewaltige herzogin,
so bin ich Hiltebrant der alte,
20 der liebste vater dein."
er schloss im auf sein güldin helm
und kust in an sein munt:
„nun muss es gott gelobet sein!
wir sint noch baide gesunt."

25 „Ach vater, liebster vater!
die wunden, die ich dir hab gschlagen,
die wolt ich dreimal lieber
in meinem haupte tragen."
„nun schweig, du lieber sune!
30 der wunden wirt gut rat,
seit dass uns gott baide
zusammen gefüget hat."   (14. Jh.)

Aus: Ludwig Uhland: Alte hoch- und niederdeutsche Volkslieder. 1844

Schlachtszene, frühes 14. Jahrhundert

Die mittelalterliche Ständegesellschaft

Lichtenberger: Prognosticatio (1492)

Hermann Göring[1]:
Appell an die Wehrmacht, 30. Januar 1943

Rede zum 10. Jahrestag der Machtergreifung im Sportpalast in Berlin. Im Dezember 1942 und Januar 1943 war die 6. Armee mit 300.000 Mann bei Stalingrad von russischen Truppen eingekesselt worden. Hitler hatte einen möglichen Ausbruch verboten. Am 3. Februar gingen 90.000 völlig erschöpfte und halb verhungerte Soldaten in die Gefangenschaft.

„[...] Aus all diesen gigantischen Kämpfen ragt nun gleich einem Monument der Kampf um Stalingrad heraus. Es wird der größte Heroenkampf unserer Geschichte bleiben. Was dort jetzt unsere Grenadiere, Pioniere, Artilleristen, Flakartilleristen und wer sonst in dieser Stadt ist, vom General bis zum letzten Mann, leisten, ist einmalig.

Mit ungebrochenem Mut, und doch zum Teil ermattet und erschöpft, kämpfen sie gegen eine gewaltige Übermacht um jeden Block, um jeden Stein, um jedes Loch, um jeden Graben. Wir kennen ein gewaltiges Heldenlied von einem Kampf ohnegleichen, es heißt „Der Kampf der Nibelungen". Auch sie standen in einer Halle voll Feuer und Brand, löschten den Durst mit dem eigenen Blut, aber sie kämpften bis zum Letzten. Ein solcher Kampf tobt heute dort, und noch in tausend Jahren wird jeder Deutsche mit heiligem Schauer von diesem Kampf in Ehrfurcht sprechen und sich erinnern, dass dort trotz allem Deutschlands Sieg entschieden worden ist.

Europa beginnt jetzt vielleicht zu verstehen, was dieser Kampf bedeutet. Europa und nicht zuletzt die Staaten, die heute in einem neutralen Wohlleben noch dahindämmern, lernen nun begreifen, dass diese Männer, die todesmutig dort noch bis zum Letzten Widerstand leisten, nicht allein Deutschland, sondern die ganze europäische Kultur vor der bolschewistischen Vernichtung retten. England war nie fähig, für Europa einzutreten. England hat sein Imperium gehabt, das wir ihm zu allen Zeiten gegönnt haben. England war nie eine Macht, die für europäische Interessen mit eigenem Blut auf dem Plan erschien. In diesem Augenblick aber übt England den gewaltigsten europäischen Verrat, den gewaltigsten Verrat am Schicksal des Abendlandes.

Aber, meine jungen Soldaten, umso stolzer und freudiger muss das Herz in eurer Brust jetzt schlagen, einem solchen Volk, einer solchen Wehrmacht angehören zu dürfen. Und es ist schon ein wunderbares Gefühl, das über einen kommt, wenn man weiß: Hier stehe ich, in meinem Volk, das heute der Garant dafür ist, dass Deutschland und Europa bestehen können. Das europäische Schicksal liegt in unserer Hand und damit auch Deutschlands Freiheit, seine Kultur und seine Zukunft. Das ist der höchste Sinn dieses Opfers, das zu jeder Stunde und an jedem Ort ebenfalls von euch, meine Kameraden, gefordert werden kann. Denke jeder von euch an die Kämpfer von Stalingrad, dann wird er hart und eisern werden. Vergesst nicht, dass zu den vornehmsten Grundtugenden des ganzen Soldatentums neben Kameradschaft und Pflichttreue vor allem die Opferbereitschaft gehört. Es hat immer kühne Männer gegeben, die sich geopfert haben, um etwas Größeres für die anderen zu erreichen [...]"

Zit. nach: Helmut Brackert u. a. (Hrsg.): Literatur in der Schule. Bd. I: Mittelalterliche Texte im Unterricht. München (Beck) 1973, S. 107f., 72f.

---

[1] Hermann Göring (1893–1946); nationalsozialistischer Politiker: 1932 Reichstagspräsident, 1935 Oberbefehlshaber der Luftwaffe, 1940 Reichsmarschall

Wernher von Teufen

Große Heidelberger Liederhandschrift (Codex Manesse)

Grundbegriffe der mittelhochdeutschen Metrik

Entscheidend für den mittelhochdeutschen Vers ist das Gewicht, die Zeitdauer, die eine Silbe jeweils beansprucht. Statt einer normallangen Silbe können nach Belieben auch zwei kurze Silben, statt zweier normallanger Silben kann auch eine überlange Silbe stehen. (Kurze offene Tonsilben, etwa tă-ge, nĕ-men, lĭ-gen, sind im Mittelhochdeutschen häufig, im Neuhochdeutschen wurden sie durch Dehnung in offener Silbe beseitigt.) Daher kann man mittelhochdeutsche Verse nach der Zahl der Takte beschreiben, die der jeweilige Vers umfasst. Dieses Verfahren lehnt sich an die neuere Musik an; wie die mittelhochdeutschen Dichter selbst ihre Verse gemessen haben, entzieht sich unserer Kenntnis. In der Regel lässt sich der musikalische 2/4-Takt zugrunde legen. Im Normalfall besteht er aus einer betonten ersten und einer unbetonten zweiten Viertelnote:

$$^2/_4 \mid \, \downarrow \; \downarrow \mid$$

Den meisten mittelhochdeutschen Versen liegt dieser regelmäßige Wechsel betonter und unbetonter Silben von Hebung und Senkung zugrunde; ihn bezeichnet man als Alternation. Statt des Regelfalles können auch die folgenden Varianten stehen:

$$^2/_4 \mid \eighthnote \; \eighthnote \; \downarrow \mid \; ^2/_4 \mid \downarrow \; \eighthnote \; \eighthnote \mid \; ^2/_4 \mid \halfnote \mid$$

Bei der letzten Variante ist zu beachten, dass die folgende Note etwas weniger stark betont wird; man spricht von einem Nebenton:

$$^2/_4 \mid \downarrow \mid \downarrow \; \rest \mid$$

Folgende metrische Zeichen werden verwendet:
- für die „normale" Hebung oder Senkung x,
- für die überlange („beschwerte") Hebung –,
- für die kurze („gespaltene") Hebung oder Senkung ∪ ∪.
- Die Hebung wird durch einen Akzent von der Senkung unterschieden x́, ∪́ ∪, −́; als Kennzeichen der Nebenhebung verwendet man x̀.
- Als Pausenzeichen dient ∧.

Außer auf die Verslänge kommt es besonders auf den Anfang des Verses und auf den Ausgang, die Kadenz, an. Verse können mit Hebung beginnen oder mit Senkung, im letzteren Fall spricht man von Auftakt. In der Lieddichtung gibt es auftaktlose Verse sowie Verse mit regelmäßigem oder mit fakultativem Auftakt (d. h., der Auftakt kann stehen oder auch nicht); ferner kann auch die Auftaktsenkung in zwei kurze Silben aufgespalten sein. Bei der Angabe der Taktzahl des Verses werden Auftakte nicht mitgezählt:

Kaiser Heinrich
I,1 gemáchet léides vrî   Vers mit Auftakt
I,2 únde hábent des ház   auftaktloser Vers

Enden kann der Vers mit Hebung oder mit Senkung. Im ersten Fall spricht man von männlicher, im zweiten von weiblicher Kadenz. Die männliche Kadenz wird nicht eigens bezeichnet, die weibliche markiert man am einfachsten mit einem waagrechten Strich:

Dietmar von Aist
V Sô wól dir, súmerwúnne   3–   weibl. Kadenz
   sô réhte minneclîch getân   4   männl. Kadenz

In der männlichen Kadenz kann gelegentlich Spaltung der Hebung vorkommen:

Dietmar von Aist
XIV,1 Úrloup hât des súmers brĕhĕn   4   männl. Kadenz

Mittelhochdeutsche Verse sind in der Regel gereimt. Aufeinander reimende Verszeilen werden im Schema durch den gleichen Reimbuchstaben (a b c ...) kenntlich gemacht. Reimlose Zeilen bezeichnet man als Waisen; sie werden mit dem Buchstaben x markiert. Reime, die erst in einer Folgestrophe ihre Entsprechung finden, heißen Körner (K). Die in der mittelhochdeutschen Lieddichtung verhältnismäßig seltenen Refrains erhalten den Buchstaben R.

Längere Verse (mindestens sechs Takte) mit regelmäßiger Zäsur nach der dritten Hebung bzw. nach der darauf folgenden Senkung bezeichnet man als Langzeilen. Die erste Hälfte solcher Zeilen nennt man Anvers, die zweite Abvers:

Kürenberger
II,12 Aller wîbe wünne diu gêt noch megetîn

| x́ x | x́ x | x́ x ‖ x | x́ x | x́ x | x́ ∧ | 3– | 3

Steht die Zäsur an anderer Stelle oder schwankt ihre Position, spricht man von Langen Zeilen.

Aus: H. Brunner: Geschichte der deutschen Literatur des Mittelalters im Überblick. Stuttgart: Reclam 2003, S. 115–117

Darstellung von Minnesängern

Miniaturen aus der Großen Heidelberger (oben) und aus der Weingartener (unten) Liederhandschrift

Parzival (Inhaltsangabe)

(mhd.). Versepos von 25 810 Versen aus dem Stoffkreis der keltischen Sagen um König Artus von Wolfram von Eschenbach. – Eine Anspielung auf die im Jahr 1203, im Krieg zwischen König Philipp von Schwaben († 1208) und dem Landgrafen Hermann I. von Thüringen († 1217), verwüsteten Weinberge bei Erfurt (379,18ff.) lässt vermuten, dass die Dichtung zwischen 1200 und 1210 entstanden ist. Für welchen Hof der *Parzival* gedichtet wurde, ist nicht bekannt. Namentlich genannt werden Graf Poppo von Wertheim und der Landgraf von Thüringen. Vielleicht hat Wolfram seine ersten Gönner im weiteren Umkreis seiner fränkischen Heimat (Wolframs-Eschenbach, bei Ansbach) gefunden und ist später mit dem Thüringer Hof, damals ein berühmter Sammelplatz höfischer Dichtung, in Verbindung getreten.

Wolframs *Parzival* hat drei Helden: Parzivals Vater Gahmuret, von dem die ersten beiden Bücher erzählen; Parzival selber, der in den Büchern III–VI, IX und XV–XVI im Mittelpunkt steht; und schließlich sein Freund und Verwandter Gawan, dem die Bücher VII–VIII und X–XIV gewidmet sind. Die Bucheinteilung stammt von Karl Lachmann (in seiner kritischen *Parzival*-Ausgabe von 1833) und hat sich durchgesetzt, obwohl nicht sicher ist, dass die Einteilung in sechzehn Großabschnitte auf Wolfram zurückgeht.

Die Gahmuret-Vorgeschichte (Buch I–II): Parzivals Vater Gahmuret zieht in den Orient und heiratet dort die schwarze Königin Belakane. Doch es hält ihn nicht in dieser Ehe. Heimlich verlässt er seine Frau, die einen schwarz-weiß gescheckten Sohn, Feirefiz, gebiert. Gahmuret kehrt in den Westen zurück, heiratet Herzeloyde, die Schwester des Gralkönigs Anfortas, und fällt im Kampf, bevor sein Sohn Parzival geboren ist.

Die erste Parzivalpartie (Buch III–VI): Herzeloyde zieht ihren Sohn in der Wildnis auf, um ihn vor den Gefahren des Ritterlebens zu bewahren. Als Parzival jedoch drei Ritter trifft, die ihm von König Artus erzählen, will er auch Ritter werden. Beim Aufbruch bemerkt er nicht, dass seine Mutter tot umfällt. Am Artushof wird seine Torheit belacht. Er tötet Ither, den Roten Ritter, und zieht dessen Rüstung an. Bei Gurnemanz wird er höfisch erzogen. In Belrapeire steht er der Königin Condwiramurs gegen ihre Feinde bei und heiratet sie. Nach wenigen Monaten bricht er wieder auf. Er gelangt nach Munsalvaesche, wo er den wunderbaren Aufzug des Grals miterlebt. Aus Anstand fragt er nicht nach den Leiden des Gralkönigs Anfortas. Am nächsten Morgen ist das Schloss leer. Am Artushof wird Parzival in die Tafelrunde aufgenommen; die Festfreude endet, als die Gralsbotin Cundrie erscheint und Parzival verflucht, weil er die Erlösungsfrage nicht gestellt hat. Parzival hadert mit Gott und will nicht ruhen, bis er den Gral wiedergefunden hat. Auch Gawan verlässt den Artuskreis, als ein Bote König Vergulahts ihn zum Gerichtskampf lädt.

Die erste Gawanpartie (Buch VII–VIII): Die Erzählung folgt nun den Abenteuern Gawans. In Bearosche wird er in den Konflikt zwischen dem Fürsten Lippaut und König Meljanz hineingezogen. Als Frauenritter im Dienst von Lippauts kleiner Tochter Obilot greift er in die Kämpfe ein, und es gelingt ihm, den Streit zu schlichten. In Schampfanzun beginnt er ein Liebesverhältnis mit Vergulahts Schwester Antikonie, wird dabei aber überrascht und von einer aufgebrachten Menge angegriffen. Der Gerichtskampf wird verschoben.

Parzival bei Trevrizent (Buch IX): Viereinhalb Jahre lang ist Parzival schon auf der Suche nach dem Gral. Am Karfreitag kommt er in die Klause seines Oheims Trevrizent, des Bruders von Herzeloyde und Anfortas. In langen Gesprächen forscht Trevrizent nach den Ursachen von Parzivals Gotteshass und öffnet ihm die Augen für seine Sünden: unwissentlich hat er den Tod der Mutter verschuldet und hat in Ither einen Verwandten getötet. Trevrizent belehrt den Neffen über Gottes Barmherzigkeit und berichtet ihm von den Geheimnissen des Grals. Als ein innerlich Gewandelter zieht Parzival weiter.

Die zweite Gawanpartie (Buch X–XIV): Gawan begegnet der Herzogin Orgeluse und trägt ihr seine Liebe an, wird jedoch mit Spott zurückgewiesen. Er besteht das Abenteuer von Schastel marveile und löst den Zauber, der über der Burg lag. Gawan wirbt weiter um Orgeluse, und schließlich wandelt sich ihre Ablehnung in Liebe. Gawan bereitet ein großes Fest vor, zu dem König Artus und sein Hof geladen werden. Als alle versammelt sind, verlässt Gawan alleine das Lager und trifft auf einen fremden Ritter; er kämpft mit ihm, ohne zu wissen, dass es Parzival ist. Als Gawan schon fast besiegt ist, erkennen sie sich. Parzival wird feierlich in den Artuskreis zurückgeführt; er hat jedoch keinen Anteil an der Festfreude und verlässt heimlich das Lager.

Der Abschluss der Parzivalhandlung (Buch XV–XVI): Parzival trifft auf einen unbekannten Ritter, und zum erstenmal bleibt er ohne Sieg. Es ist sein Halbbruder Feirefiz, der den Spuren seines Vaters gefolgt ist. Parzival geleitet ihn an den Artushof. Dort erscheint Cundrie und verkündet, dass Parzival zum Gralkönig berufen worden ist. Mit Feirefiz zusammen zieht er nach Munsalvaesche und erlöst durch seine Frage Anfortas von seinen Leiden. Auch Condwiramurs kommt mit ihrem Sohn Loherangrin nach Munsalvaesche. Feirefiz verliebt sich in die Gralträgerin Repanse de Schoye, Anfortas' Schwester, lässt sich taufen, um Repanse heiraten zu können, und kehrt mit ihr in den Orient zurück. Ihr Sohn ist der Priester Johannes. Mit einem Ausblick auf die Geschichte von Loherangrin endet die Dichtung.

Die sprachliche Herkunft des Deutschen und seine Dialektaufteilung im Mittelalter

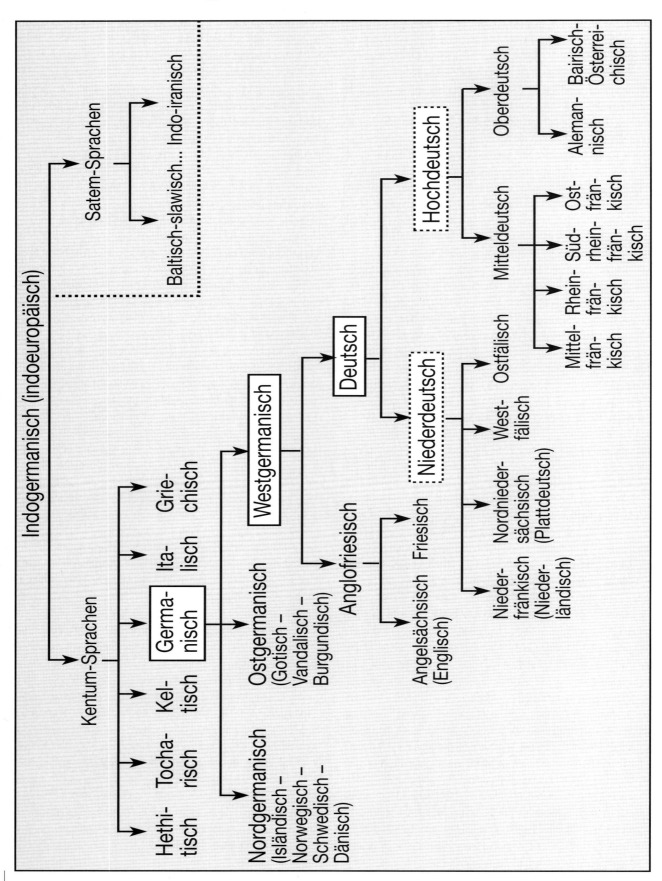

Zu den politischen Ereignissen im Deutschen Reich und in Österreich

Mit Kaiser Heinrich VI. stand das staufische Imperium auf dem Höhepunkt seiner Macht. Bestrebungen, diese noch zu erweitern, hatten Erfolg mit der Eroberung Siziliens durch Heinrich 1194 und der Heirat seines Bruders Philipp mit der Tochter des Kaisers von Byzanz. Zwar scheitert der Plan, auch das römische Imperium zum Erbreich zu machen (wie Frankreich und England), doch kann Heinrich durchsetzen, dass sein zweijähriger Sohn Friedrich im Dezember 1196 zum König gewählt wird. Der Kaiser selbst aber stirbt 1197 vor dem Aufbruch zum Kreuzzug an Malaria. Eine Zeit voller Rivalitäten, Unruhe und Gewalt bricht an. Die dezimierte Stauferpartei – ein großer Teil der Reichsfürsten und der Reichsministerialen befindet sich auf dem Kreuzzug – anerkennt Weihnachten 1197 Heinrichs Bruder Philipp von Schwaben als Thronverwalter für seinen Neffen Friedrich. Drahtzieher der welfischen Gegenpartei, die auf keinen Fall ein staufisches Erbkaisertum will, ist neben Erzbischof Adolf von Köln vor allem Richard Löwenherz. Nach der Rückkehr vom Kreuzzug war er Ende 1192, verkleidet, auf österreichischem Boden von Herzog Leopold V. gefangen genommen, dann an Heinrich VI. verkauft und schließlich gegen ein horrendes Lösegeld freigelassen worden. Diese Partei findet zunächst keinen Kandidaten für das Königsamt, und die Staufer nutzen die Zeit: Am 8.3.1198 wird Philipp auf einer Fürstenversammlung im thüringischen Mühlhausen zum König gewählt. Die andere Seite wählt am 9.6. den Neffen von Richard Löwenherz, Otto von Poitou, zum König. Am 12.7. wird er von Erzbischof Adolf von Köln in Aachen, dem traditionellen Ort, gekrönt, Philipp am 8.9. in Mainz. Diesem stehen die echten Throninsignien zur Verfügung, aber Mainz ist der falsche Ort, und der richtige Bischof wäre Adolf gewesen.

Nach dem Tod des Papstes Coelestin im Januar 1198 wird der jüngste Kardinal, der 37-jährige Lothar von Segni, als Innozenz III. zum Papst gewählt. Im April 1199 stirbt Richard Löwenherz nach einer Verwundung, was den Anhang Ottos beträchtlich schwächt. Der neue Papst verhält sich im Thronstreit zunächst abwartend. Am 1.3.1201 entscheidet er sich aber für Otto: „te in regem recipimus". Dieser verzichtet im Juni unter Eid auf seine Rechte in Mittel- und Süditalien. Am 3.7. wird der päpstliche Entschluss durch den Legaten Guido von Praeneste in Köln verkündet, gleichzeitig der Bann gegen Philipp und seine Anhänger ausgesprochen. Dennoch bleibt die Mehrzahl der Fürsten Philipp treu. Zum dritten Jahrestag der Krönung Philipps, am 8.9.1201, verabschiedet die Fürstenversammlung zu Bamberg eine Protestnote gegen das päpstliche Eingreifen, im Dezember in Hagenau und im Januar 1202 in Halle wiederholt sich dieser Vorgang. Obwohl seit Ende 1202 Geheimverhandlungen zwischen Innozenz und Philipp geführt werden, steht Ottos Sache 1203 noch gut. Nach Feldzügen Philipps gegen die welfische Anhängerschaft 1203/04 wendet sich der Thronstreit zugunsten der Staufer, zumal die Engländer unter Johann Ohneland von Philipp August von Frankreich vom Kontinent vertrieben werden. 1204 unterliegt Otto im Bürgerkrieg gegen Philipp. Nachdem sich schon zuvor ein Zerwürfnis zwischen Otto und Erzbischof Adolf angebahnt hat, tritt dieser im November offen auf die Seite des Staufers. Philipp wird am 6.1.1205 ein zweites Mal gekrönt: in Aachen durch Adolf von Köln, jetzt also am rechten Ort und von der rechten Hand. Erst jetzt hat Philipp recht eigentlich gegen Otto gesiegt. Doch der Bann des Papstes ist noch immer nicht aufgehoben. Erst im August 1207, nachdem der Papst Erzbischof Adolf abgesetzt hat, der Bürgerkrieg fortgesetzt worden, aber Philipps Anhang weiter gewachsen und Otto im Sommer 1206 auch militärisch geschlagen ist, hebt der Papst den Bann auf und bietet Philipp seine Vermittlung an, um Otto zur Abdankung zu bewegen. Im September 1207 wird ein einjähriger Waffenstillstand vereinbart, die Verhandlungen sollen in Rom zum Abschluss gebracht werden. Anerkennung Philipps und Kaiserkrönung werden im Mai 1208 in Aussicht gestellt. Da wird Philipp am 21.6. in Bamberg vom Pfalzgrafen Otto von Wittelsbach, dessen Hoffnungen, Philipps Tochter Beatrix heiraten zu können, durchkreuzt scheinen, ermordet. Zwei Monate später stirbt Philipps Gattin Irene/Maria an einer Frühgeburt. Der Papst nennt Philipps Tod ein Gottesurteil. Unverhofft ist nun der Weg für Otto frei geworden.

Die kritische Situation in Österreich wurde mit der Gefangennahme und Auslieferung von Richard Löwenherz durch Herzog Leopold V. schon angesprochen. Da der Engländer als Kreuzfahrer unter dem Schutz der Kirche stand, wurde Leopold mit dem Bann belegt und musste den Sühneeid schwören. Nach seinem Tod Ende 1194 war sein Nachfolger Friedrich I. durch die Rückzahlungsforderungen der Kirche nicht nur wirtschaftlich in großen Schwierigkeiten, er musste als Bußleistung Ende 1195 auch eine Kreuzzugsverpflichtung eingehen. Im Frühjahr 1197 brach er auf, im April 1198 starb er in Palästina. Sein Nachfolger wurde Herzog Leopold VI., der in Walthers Sangspruchdichtung über zweieinhalb Jahrzehnte lang immer wieder in Erscheinung treten wird. [...].

Aus: Manfred Günter Scholz: Walther von der Vogelweide. (Sammlung Metzler, Band 316). 2., korrigierte und bibliographisch ergänzte Aufl. 2005, S. 42–44.
© 2005 J. B. Methlersche Verlagsbuchhandlung und Carl Ernst Poeschel Verlag GmbH in Stuttgart

Klausurvorschlag 1

**Wolfram von Eschenbach:
Sine klâwen**

„Sine klâwen
durh die wolken sint geslagen,
er stîget ûf mit grôzer kraft.
ich sih in grâwen
5 tægelîch als er wil tagen,
den tac, der im geselleschaft
erwenden wil, dem werden man,
den ich mit sorgen în bî naht verliez.
ich bringe in hinnen, ob ich kan.
10 sin vil manigiu tugent mich daz leisten hiez."

„Wahtær, du singest
daz mir manige fröide nimt
unde mêrt mîne klage.
mær du bringest,
15 der mich leider niht gezimt,
immer morgens gegen dem tage.
diu solt du mir verswîgen gar.
daz gebiut ich den triuwen dîn.
des lôn ich dir als ich getar,
20 sô belîbet hie der geselle mîn."

„Er muoz et hinnen
balde und ân sûmen sich:
nu gib im urloup, suozez wîp.
lâze in minnen
25 her nâch sô verholn dich,
daz er behalte êre unde den lîp.
er gab sich mîner triuwen alsô
daz ich in bræhte ouch wider dan.
ez ist nu tac: naht was ez dô
30 mit drucken an die bruste dîn kus mir in an gewan."

„Swaz dir gevalle,
wahtær, sinc, und lâ den hie,
der minne brâht und minne enphienc.
von dînem schalle
35 ist er und ich erschrocken ie.
sô ninder der morgenstern ûf gienc
ûf in, der her nâch minne ist komen,
noch ninder lûhte tages lieht,
du hâst in dicke mir benomen
40 von blanken armen, und ûz herzen niht."

Von den blicken,
die der tac het durh diu glas,
und dô wahtære warnen sanc,
si muose erschricken
45 durch den der dâ bî ir was.
ir brustlîn an brust si dwanc.
der rîter ellens niht vergaz
(des wold in wenden wahtærs dôn):
urloup nâh und nâher baz
50 mit kusse und anders gab in minne lôn.

Seine Klauen

„Seine Klauen
haben die Wolken durchschlagen,
er steigt herauf mit großer Kraft.
Ich sehe ihn grauen,
5 den Tag verkündend bei seinem Kommen,
der ihm das Zusammensein
nehmen will, ihm, dem edlen Mann,
den ich mit Sorgen zur Nacht einließ.
Ich bringe ihn fort von hier, wenn ich es kann.
10 Seine große Macht hieß mich das tun."

„Wächter, was du singst,
nimmt mir viele Freuden
und mehrt mir mein Leid.
Nachricht bringst du,
15 ach, die mir nicht willkommen ist,
immer morgens, wenn es Tag wird.
Du sollst sie mir nicht zu Ohren kommen lassen.
Das befehl ich dir bei deiner Treue.
Das lohn ich dir, wie ich es kann,
20 dann bleibt mein Liebster hier."

„Er muss von hier fort,
schnell und ohne Säumen:
Nun lass ihn gehen, süße Frau.
Lass ihn später
25 ganz im Geheimen dich lieben,
damit er Ansehn und Leben behält.
Er hat auf meine Treue so vertraut,
dass ich ihn auch wieder fortbringen möchte.
Es ist nun Tag: Nacht war es, als
30 dein Kuss und deine Umarmung ihn mir anvertrauten."

„Was immer dir behagen mag,
Wächter, sing, aber lass ihn hier,
der Liebe brachte und Liebe empfing.
Von deinem Singen
35 sind er und ich noch immer erschrocken.
Noch ehe der Morgenstern aufgegangen war
über ihm, der um der Liebe willen hergekommen war,
und des Tages Licht noch nicht leuchtete,
hast du ihn mir oft aus meinen weißen Armen
40 genommen, aber aus dem Herzen nicht."

Von den Strahlen,
die der Tag durch die Fenster warf,
und dem warnenden Lied des Wächters
musste sie erschrecken
45 wegen ihm, der da bei ihr war.
Ihre zierlichen Brüste drückte sie an seine Brust.
Der Ritter vergaß nicht, dass er ein Mann war
(daran wollte ihn der Ruf des Wächters hindern):
Der Abschied, nah und immer näher,
50 gab ihnen mit Küssen und anderem der Liebe Lohn.

Aus: Ingrid Kasten (Hrg.): Deutsche Lyrik des Frühen und Hohen Mittelalters.Ü: Margherita Kuhn. © Deutscher Klassiker Verlag 1995

Klausurvorschlag 2

Heinrich von Morungen:
Sin hiez mir nie widersagen

Sin hiez mir nie widersagen
unde warp iedoch
unde wirbet noch hiute ûf den schaden mîn.
des enmac ich langer niht verdagen,
5 wan si wil ie noch
elliu lant behern und ein rouberînne sin.
daz machent alle ir tugende und ir schœne, die
   mengem man tuont wê.
der si an siht,
der muoz ir gevangen sîn
10 und in sorgen leben iemer mê.

In den dingen ich ir dienstman
und ir eigen was dô,
dô ich si dur triuwe und dur guot an sach,
dô kam si mit ir minnen an
15 und vienc mich alsô,
dô si mich wol gruozte und wider mich sô sprach.
des bin ich an fröiden siech und an herzen sêre
   wunt;
und ir ougen klâr
diu hânt mich beroubet gar
20 und ir rôsevarwer rôter munt.

Sie hat mir nie Fehde angesagt

Sie hat mir nie Fehde angesagt
und war doch stets darauf bedacht
und ist es noch heute, mir zu schaden.
Ich kann es länger nicht verschweigen,
5 denn sie will immer noch
alle Länder verwüsten und eine Räuberin sein.
Sie tut dies mit ihrer Vollkommenheit und ihrer
   Schönheit, die so vielen Männern weh tut.
Wer sie ansieht,
der wird ihr Gefangener
10 und muss für immer in quälender Not leben.

Damals, als ich ihr Dienstmann
und ihr Leibeigener war
und ich sie in Treue und im Guten ansah,
da überraschte sie mich mit ihrer Liebe
15 und nahm mich gefangen,
indem sie mich schön grüßte und auch so zu mir
   sprach.
Deshalb bin ich an Freuden krank und im Herzen
   schmerzlich verwundet;
und ihre schönen Augen
und ihr rosenfarbener roter Mund,
20 die haben mich ganz und gar beraubt.

Aus: Ingrid Kasten (Hrg.): Deutsche Lyrik des Frühen und Hohen Mittelalters.Ü: Margherita Kuhn. © Deutscher Klassiker Verlag 1995

Klausurvorschlag 3

**Walther von der Vogelweide:
Herzeliebez vrowelîn**

Herzeliebez vrowelîn,
  got gebe dir hiute und iemer guot!
kund ich baz gedenken dîn,
  des het ich willeclîchen muot.
5 waz mac ich nu sagen mê,
  wan daz dir nieman holder ist? owê dâ von ist mir vil wê.

Si verwîzent mir, daz ich
  sô nider wende mînen sanc.
daz si niht versinnent sich
10 waz liebe sî, des haben undanc!
  siu getraf diu liebe nie,
  die dâ nâch dem guote und nâch der schœne minnent. wê, wie minnent die!

Bi der schœne ist dicke haz,
  zuo der schœne niemen sî ze gâch.
15 liep tuot dem herzen baz,
  der liebe gêt diu schœne nâch.
liebe machet schœner wîp.
  des mac diu schœne niht getuon, sine gemachet lieben lîp.

Ich vertrage als ich vertruoc
20 und als ich zeiner wîle vertrage.
du bist schœne und hâst genuoc,
  waz mugen si mir dâ von gesagen?
swaz si sagen, ich bin dir holt
  und nim dîn glesîn vingerlîn vür einer küeginne golt.

25 Hâst du triuwe und stætekeit,
  sô bin ich sîn âne angest gar
daz mir iemer herzeleit
  mit dînem willen widervar.
hâst aber du der zweier niht,
30 so müezest du mîn niemer werden. owê . . . , ob daz geschiht!

Kleine Herrin der Herzeliebe

Kleine Herrin der Herzeliebe,
  Gott sei dir heute und allezeit gut!
Könnte ich dich noch schöner benennen,
  dazu wäre ich herzlich gern bereit.
5 Was kann ich nun mehr sagen,
  als dass dich niemand mehr liebt? Ach, das tut mir so weh.

Sie tadeln mich dafür,
  dass mein Singen den Stand nicht achtet.
Dass sie nicht begreifen,
10 was Liebe ist, dafür sollen sie verwünscht sein!
Die hat die Liebe nie ergriffen,
  die ihre Liebe nach Reichtum und Schönheit richten;
  o weh, wie lieben die!

Mit Schönheit ist oft Bosheit verbunden,
  der Schönheit laufe niemand nach.
15 Liebe tut dem Herzen besser,
  die Schönheit folgt der Liebe nach.
Liebe macht die Frauen schöner:
  Das kann die Schönheit nicht, sie allein macht niemanden liebenswert.

Ich nehme den Tadel hin, wie ich ihn hinnahm
20 und ihn stets hinnehmen will.
Du bist schön und hast davon genug,
  doch was können sie mir davon sagen?
Was immer sie sagen, ich liebe dich
  und nehme dein gläsernes Ringlein lieber als das Gold einer Königin.

25 Hast du Treue und Beständigkeit,
  so bin ich da ganz ohne Sorgen,
dass du mir jemals mit Absicht
  Leid zufügen könntest.
Hast du aber beides nicht,
30 so mögest du niemals mein werden. O weh. . ., wenn das geschehen sollte!

Aus: Ingrid Kasten (Hrg.): Deutsche Lyrik des Frühen und Hohen Mittelalters. Ü: Margherita Kuhn. © Deutscher Klassiker Verlag 1995

UNTERRICHTSMODELLE

EINFACH DEUTSCH

Ausgewählte Titel der Reihe:

Unterrichtsmodelle Jahrgangsstufen 5 – 7

Antike Sagen	Von Franz Waldherr u. a. 105 Seiten, zahlr. Abb., DIN A4, kart., Best.-Nr. 022320
Max von der Grün: Vorstadtkrokodile	Von Franz Waldherr. 40 Seiten, DIN A4, geh., Best.-Nr. 022269
Erich Kästner: Emil und die Detektive	Von Kerstin Sterz. 59 Seiten, einige Abb., DIN A4, geh., Best.-Nr. 022399
Henning Mankell: Der Hund, der unterwegs zu einem Stern war	Von Kirsten Köster und Verena Löcke. 64 Seiten, einige Abb., DIN A4, geh., Best.-Nr. 022358

Unterrichtsmodelle Jahrgangsstufen 8 – 10

Friedrich Dürrenmatt: Der Richter und sein Henker	Von Martin Kottkamp und Astrid Staude. 91 Seiten, einige Abb., DIN A4, kart., Best.-Nr. 022415
Max Frisch: Andorra	Von Udo Volkmann und Ute Volkmann. 82 Seiten, einige Abb., DIN A4, geh., Best.-Nr. 022329
E.T.A. Hoffmann: Das Fräulein von Scuderi	Von Kerstin Prietzel. 76 Seiten, einige Abb., DIN A4, geh., Best.-Nr. 022436
Gottfried Keller: Kleider machen Leute	Von Carmen Daldrup und Sandra Greiff-Lüchow. 64 Seiten, einige Abb., DIN A4, geh., Best.-Nr. 022326
Friedrich Schiller: Wilhelm Tell	Von Günter Schumacher und Klaus Vorrath. 90 Seiten, DIN A4, geh., Best.-Nr. 022301

Unterrichtsmodelle Jahrgangsstufen 11 – 13

Romantik	Von Markus Apel. 155 Seiten, einige Abb., DIN A4, kart., Best.-Nr. 022382
Expressionismus	Von Norbert Schläbitz unter Mitwirkung von Katharine Pappas. 141 Seiten, DIN A4, kart., Best.-Nr. 022384
Kommunikation	Von Volkrad Wolf. 110 Seiten, DIN A4, kart., Best.-Nr. 022371
Bertolt Brecht: Mutter Courage und ihre Kinder	Von Karin Kampa. 103 Seiten, zahlr. Abb., DIN A4, kart., Best.-Nr. 022419
Georg Büchner: Woyzeck	Von Norbert Schläbitz. 115 Seiten, einige Abb., DIN A4, kart., Best.-Nr. 022313
Johann Wolfgang von Goethe: Iphigenie auf Tauris	Von Michael Fuchs. 104 Seiten, einige Abb., DIN A4, kart., Best.-Nr. 022307
Johann Wolfgang von Goethe: Die Leiden des jungen Werther	Von Hendrik Madsen und Rainer Madsen. 128 Seiten, einige Abb., DIN A4, kart., Best.-Nr. 022365
Gotthold Ephraim Lessing: Emilia Galotti	Von Martin Heider. 141 Seiten, DIN A4, kart., Best.-Nr. 022279
Gotthold Ephraim Lessing: Nathan der Weise	Von Johannes Diekhans und Luzia Schünemann. 133 Seiten, einige Abb., DIN A4, kart., Best.-Nr. 022285
Friedrich Schiller: Kabale und Liebe	Von Gerhard Friedl. 128 Seiten, einige Abb., DIN A4, kart., Best.-Nr. 022306
Friedrich Schiller: Maria Stuart	Von Gerhard Friedl. 127 Seiten, einige Abb., DIN A4, kart., Best.-Nr. 022373
Bernhard Schlink: Der Vorleser	Von Bettina Greese und Almut Peren-Eckert. 143 Seiten, einige Abb., DIN A4, kart., Best.-Nr. 022350
Patrick Süskind: Das Parfum	Von Elisabeth Becker. 121 Seiten, einige Abb., DIN A4, kart., Best.-Nr. 022342

Fordern Sie unseren Prospekt zur kompletten Reihe an:
Informationen zum Nulltarif ✆ 08 00 / 1 81 87 87

SCHÖNINGH VERLAG
Postfach 2540 · 33055 Paderborn

Schöningh

E-Mail: info@schoeningh.de
Internet: www.schoeningh-schulbuch.de